I0251058

www.ingramcontent.com/pod-product-compliance
Lightning Source LLC
Chambersburg PA
CBHW031636160426
43196CB00006B/440

* 9 7 8 1 9 9 7 5 0 3 0 7 1 *

----------انتشارات آسمانا------------

فنِ گفتن و نوشتن

(سلسله مقالاتِ منتشر شده در روزنامه‌ی «اخترِ» استانبول)

میرزا آقاخان کرمانی

به کوشش م. رضایی تازیک

نشر آسمانا، تورنتو، کانادا

۱۴۰۴/۲۰۲۵

فنِ گفتن و نوشتن
(سلسله مقالاتِ منتشر شده در روزنامه‌ی «اخترِ» استانبول)
نویسنده: میرزا آقاخان کرمانی
به کوشش: م. رضایی تازیک
ناشر: آسمانا، تورنتو، کانادا
طرح جلد: محمد قائمی
صفحه‌آرا: آتلیه نشر آسمانا
چاپ اول: جولای ۲۰۲۵/۱۴۰۴
شماره آی‌اس‌بی‌ان: ۹۷۸۱۹۹۷۵۰۳۰۷۱

Asemanabooks.ca

این کتاب با رسم‌الخط مدنظر مصحح منتشر شده است.

فنِ گفتن و نوشتن

(سلسله مقالاتِ منتشر شده در روزنامه‌ی «اخترِ» استانبول)

میرزا آقاخان کرمانی

به کوشش م. رضایی تازیک

تقدیم به یارانِ «جنبشِ سکولار دموکراسیِ ایران»

فهرست مطالب

پیشگفتار مصحح

درباره‌ی زندگی، آثار و اندیشه‌هایِ میرزا آقاخان کرمانی (۱۸۵۳ یا ۱۸۵۴ـ ۱۸۹۶ میلادی)، یکی از تواناترین نویسندگانِ ایرانمدار، یکی از بنیانگزارانِ گفتمانِ انقلابِ مشروطیت و یکی از تاثیرگذارترین نقادانِ دین و حکومت در قرنِ نوزدهمِ میلادی، کتاب‌ها و مقالات زیادی نوشته شده است [۱] و به همین دلیل در ادامه تنها به سلسله مقالاتِ منتشر شده‌ی او در روزنامه‌ی «اخترِ» استانبول [۲]، که اینک برای نخستین بار به‌صورت کتاب منتشر می‌شود، می‌پردازم.

در دوره‌ای که میرزا آقاخان کرمانی جزو نویسندگان «اختر» بود، سلسله مقالاتی از او با عنوان «فن گفتن و نوشتن» با ذکر نام‌اش در دوازده شماره منتشر شدند. نخستین مقاله در سال پانزدهم، شماره‌ی سی‌وهفتم (۲۲ ذی‌الحجه ۱۳۰۶ هجری قمری، برابر با ۱۹ اوت ۱۸۸۹ میلادی) و آخرین مقاله در سال شانزدهم، شماره‌ی یازدهم (۱۷ ربیع‌الاول ۱۳۰۷ هجری قمری، برابر با ۱۱ نوامبر ۱۸۸۹ میلادی) به چاپ رسیده است.

فریدون آدمیت منبعِ دقیقِ مقالاتِ یادشده را ذکر کرده، اما هیچ خوانشی از این مقالات بدست نداده است. و تا آنجا که من مطلع‌ام تنها

ایرج پارسی‌نژاد درباره این مقالات اظهار نظری داشته است. می‌نویسد: «به نظر می‌رسد که میرزا آقاخان در زمان نوشتن این مقالات هنوز در تاثیر همان اصول مَدْرَسی قدیم ادبی بوده و به تجدد فکری دست نیافته است.» [۳]

مقالات پیش‌رو حُکمِ سنجه‌ای برایِ درکِ تحولاتِ فکریِ آقاخان کرمانی در زمینه‌ی ادبیات را دارند؛ چرا که در سال‌های نخستین ورودش به استانبول نوشته شده‌اند. نگاه آقاخان کرمانی در کتاب پیش‌رو به ادبیات و بویژه آثار بزرگانْ پیشرو و انتقادی نیست. اما هر چه از اقامت او در عثمانی بیشتر می‌گذرد، نگاهش به ادبیات بیشتر متحول می‌شود و این تحول را می‌توان از جمله در «ریحان بوستان‌افروز» که جزو آخرین آثارش به شمار می‌رود و در ماه‌های پایانی عمرش در طرابزون نوشته است به روشنی دید. [۴]

منبعِ فرهنگِ لغتِ فارسی‌ای که به آن رجوع کرده‌ام روی‌هم‌رفته «دهخدا» است. [۵] مشخصات منابعی که برای تشخیص اشعار بازگو شده از سوی آقاخان کرمانی مورد استفاده قرار گرفته‌اند در پایان پیشگفتار پیش‌رو آمده‌اند. [۶] شماره‌ای که در متن اصلی‌ی کتابِ پیش‌رو در قلاب آمده، شناسه‌ای است که من به مقالات اختصاص داده‌ام. (مثلا: «فن گفتن و نوشتن [۱]»).

و در پایان بیفزایم که هدفم از انتشار این کتاب و دیگر آثار میرزا آقاخان کرمانی که بزودی منتشر خواهند شد، انسجام بخشیدن به نوشته‌های او و فراهم کردن دسترسی آسان‌تر به آن‌ها برای همگان است؛

با این امید که زمینه‌ای برای درک روشن‌تر و دقیق‌تر از اندیشه‌هایش فراهم شود.

از عزیزان دیده و از نزدیک‌ندیده‌ی زیادی که مرا در انتشار این کتاب یاری کرده‌اند، بسیار سپاسگزارم.

م. رضایی تازیک

فروردین ماه ۱۴۰۴ برابر با آپریل ۲۰۲۵

زوریخ، سوئیس

پی‌نوشتها:

۱. پیش از اینکه فهرستی از پژوهش‌ها درباره آقاخان کرمانی و آثارش به دست دهم یادآوری چند نکته را ضروری می‌بینم. نخست اینکه آقاخان کرمانی جزو اندیشمندان «نیمه‌تمام» است؛ یعنی اینکه باید این مهم را همیشه در پس ذهن داشت که او هیچ‌گاه زمان کافی برای تجدیدنظر بنیادین در اندیشه‌های دینی‌اش را نیافت؛ چرا که در سن تقریبا چهل‌ودو سالگی از عثمانی به ایران برگردانده و به فجیع‌ترین وضع ممکن کشته شد. دوم اینکه سخت بر این باورم که در تمام پژوهش‌هایی که من از آنها مطلع‌ام، ابعاد فکری آقاخان کرمانی (در رابطه با دین و نقد دین) در جامعیت ترسیم نشده‌اند، و پژوهش مانگول بیات فیلیپ (Mangol Bayat Philipp) تا حدودی یک استثناست. سوم اینکه اکثر آثار آقاخان کرمانی، پیش از اینکه به چاپ برسند، به صورت خطی تکثیر و مطالعه می‌شده‌اند. چهارم اینکه آثار از دست نرفته و چاپ‌نشده کرمانی در کتابخانه‌های ایران به صورت خطی موجودند.

الف) برای مطالعه (برخی از) آثاری که درباره آقاخان کرمانی نوشته شده‌اند بنگرید به:

ـ پارسی‌نژاد، ایرج: *روشنگران ایرانی و نقد ادبی*، تهران، انتشارات سخن، ۱۳۸۰، صص. ۱۱۷ تا ۱۵۲.

ـ افضل‌الملک، محمود [برادر شیخ احمد روحی]: *شرح حال میرزا آقاخان کرمانی*، نسخه خطی موجود در «کتابخانه مرکزی و مرکز اسناد دانشگاه تهران ـ بخش دیداری و شنیداری»، بدون تاریخ. [در خود متن عنوان کتاب «شرح زندگانی میرزا آقاخان، فیلسوف کرمانی» ذکر شده. این کتاب در مقدمه‌ی «هشت بهشت» آقاخان کرمانی، که گفته می‌شود احمد روحی نیز در نگارش‌اش دخیل بوده، آمده است].

ـ کرمانی، ناظم‌الاسلام: *تاریخ بیداری ایرانیان*، بخش اول، انتشارات آگاه، انتشارات بنیاد فرهنگ ایران، انتشارات لوح، به اهتمام علی اکبر سعیدی سیرجانی، تابستان ۱۳۵۷، صص. ۱۱ تا ۱۲. [این کتاب برآمده از ثبت دیده و شنیده‌های ناظم‌الاسلام کرمانی است که از ذی الحجه ۱۳۲۲ (برابر با بهمن ۱۲۸۳ / فوریه ۱۹۰۵) آغاز شده‌اند].

ـ پدیدار، ر.: *نقد اندیشه‌ی میرزا آقاخان کرمانی*، به کوشش محمد علی تحویلی، انتشارات گام، چاپ دوم، تابستان ۱۳۳۷. [چاپ نخست کتاب به تاریخ آبان ماه ۱۳۰۵ صورت گرفته. در «توضیح ناشر»، در صفحه ۵، از جمله آمده است که «این رساله در سال ۱۳۰۵ شمسی نوشته شده و طی همان سال در شماره‌های ۸ ـ ۹، ۱۰ ـ ۱۱ و ۱۲ مجلهء *فرهنگ* بچاپ رسیده.» در این کتاب اندیشه‌های آقاخان کرمانی عمدتا بر مبنای کتابهایی چون «سه مکتوب» و «*صد خطابه*»، و از دریچه اندیشه‌های مارکسیستی / نبرد طبقاتی تجزیه و تحلیل شده‌اند و ناسیونالیسم نژادی مطرح شده از سوی او مورد نقد قرار گرفته است].

ـ آدمیت، فریدون: *اندیشه‌های میرزا آقاخان کرمانی*، انتشارات پیام، تهران، چاپ دوم، ۱۳۵۷. [فریدون آدمیت نخستین پژوهشگری است که کوشیده است آثار آقاخان کرمانی را در جامعیت معرفی کند؛ اما خوانشی که از دین و نقد دین در اندیشه او به دست داده یک‌سویه است. او از آقاخان کرمانی سیمای یک شخصیت سکولار را به دست داده؛ خوانشی که با جامعیت آثار او همخوانی ندارد].

- Bayat-Philipp, Mangol: *Mirza Aqa Khan Kirmani: a nineteenth century Persian revolutionary thinker*, Los Angeles: University of California (PhD), 1971.
- Bayat-Philipp, Mangol: «Mīrzā Āqā Khān Kirmānī: a Nineteenth-Century Persian Nationalist», in: *Middle Eastern Studies* 10 (1974), pp. 36-59.
- Bayat-Philipp, Mangol: «The Concepts of Religion and Government in the Thought of Mīrzā Āqā Khān Kirmānī, a

Nineteenth-Century Persian Revolutionary», in: *International Journal of Middle Eastern Studies* 5 (1974), pp. 381-400.

- Bayat, M.: «Āqā Khān Kermānī», in: *Encyclopaedia Iranica, Last Updated: August 5, 2011,* accessible via: «https://iranicaonline.org/articles/aqa-khan-kermani» (Last access: March 2024).

[تا آنجایی که من مطلع‌ام، این مهم که صفحات نخستین «سه مکتوبِ» کرمانی نوعی رونویسی از «مکتوباتِ» فتحعلی آخوندزاده است، از دیده مانگول فیلیپ بیات پنهان مانده].

- بختیاری، منوچهر: *کارنامه و تاثیر دگراندیشان ازلی در ایران ـ جدال حافظه با فراموشی*، انتشارات فروغ، کلن، چاپ نخست، پائیز ۱۳۹۵ / ۲۰۱۶ میلادی. [این کتاب حاوی منابع و اطلاعات بسیار فراوانی درباره آثار، فعالیت‌ها و تاثیر اندیشه‌های آقاخان کرمانی بر نسلهای بعد می‌باشد؛ و روی‌هم‌رفته می‌توان گفت که بختیاری، اندیشه‌های آقاخان کرمانی را از دریچه‌ی بابیسمِ ازلی تجزیه و تحلیل کرده است].

- عبدالمحمدی، پژمان: *تأثیر اندیشهء سیاسی میرزا آقاخان کرمانی بر انقلاب مشروطه ایران*، ترجمه‌ی عرفان آقایی، بازنشر شده در سایت «جنبش سکولار دموکراسی ایران»، مرداد ۱۴۰۱ برابر با آگوست ۲۰۲۲. [عبد المحمدی در این مقاله آقاخان کرمانی را یک اندیشمند سکولار (در معنای سیاسی و فلسفی کلمه) دریافته؛ دریافتی که با جامعیت آثار آقاخان کرمانی همخوانی ندارد].
«https://isdmovement.com/2022/0822/081122/081122.Pejman-Abdolmohammadi-Re-Mirza-Agha-Khan-Kermanyhtm.htm» (Last access: March 2025).

- آجودانی، ماشاء الله: *هدایت، بوف کور و ناسیونالیسم*، انتشارات فروغ و انتشارات خاوران، پاریس و کلن، چاپ دوم، زمستان ۱۳۹۲ (۲۰۱۴)، چاپ نخست پائیز ۱۳۸۵ (۲۰۰۶). [آجودانی در این کتاب نیم‌نگاهی هم به تاثیر اندیشه های آقاخان کرمانی بر صادق هدایت داشته].

- Rezaei-Tazik, Mahdi: *Ahmad-e Kasrawīs Konzept einer «reinen Religion» (pākdīnī) im Dienste eines vereinten und fortschrittlichen Iran: Ein Beitrag zur Religionskritik im Iran*, (PhD, 2021), accessible via: «https://boristheses.unibe.ch/4295/21/21rezaei_m.pdf» (Last access: March 2025).

[در این کتاب/پایان‌نامه دکترا از جمله به تاثیراتی که کسروی از کرمانی گرفته پرداخته‌ام].

ب) برای مطالعه کتابها و نامه‌های چاپ شده آقاخان کرمانی بنگرید به:

ـ *تاریخ شانژمانهای ایران*، به کوشش م. رضایی تازیک، کانادا، نشر آسمانا، یکم آگوست ۲۰۲۴.

ـ *رضوان*، تصحیح هارون وهومن، لس آنجلس، شرکت کتاب، چاپ نخست، پائیز ۱۳۸۶ / ۲۰۰۷ میلادی.

ـ *هفتاد و دو ملت*، با مقدمه‌هایی از حسین کاظم‌زاده ایرانشهر و محمد خان بهادر، برلین، چاپخانه ایرانشهر، چاپ نخست ۱۳۰۴ خورشیدی / ۱۹۲۵ میلادی. [این کتاب از جمله از سوی نشر البرز به تاریخ تیر ۱۳۸۷ برابر با ۲۰۰۸ میلادی بازنشر شده].

ـ ترجمه *عهدنامه مالک اشتر*، تهران، ۱۳۲۱. [این کتاب را ندیده‌ام و به توضیحات آدمیت تکیه کرده‌ام (آدمیت، *اندیشه‌های آقاخان کرمانی*، ص. ۶۷)].

ـ *آیینه‌ی سکندری*، به اهتمام علی اصغر حقدار، تهران، نشر چشمه، چاپ نخست، پائیز ۱۳۸۹. [این کتاب نخستین بار در تهران در سال ۱۳۲۶ منتشر شده (آدمیت، *اندیشه‌های آقاخان کرمانی*، ص. ۵۵)].

ـ *هشت بهشت*، بی‌جا و بی‌تاریخ. [فریدون آدمیت تاریخ انتشار این کتاب را از ناشر جویا شده و آن را «تهران، مرداد ۱۳۳۹ شمسی» ذکر کرده (آدمیت، *اندیشه‌های آقاخان کرمانی*، ص. ۶۳، پانویس ۲). نسخه‌ای از این کتاب نیز از سوی «پیروان آئین مقدس بیان» در زمستان سال ۲۰۰۱ میلادی منتشر شده است].

ـ *ان شاء الله ماشاء الله*، تصحیح هارون وهومن و بیژن خلیلی، لس آنجلس، شرکت کتاب، چاپ نخست، پائیز ۱۳۸۶ / ۲۰۰۷ میلادی. [دو نسخه خطی ضمیمه این کتاب‌اند. این کتاب از جمله به آلمانی ترجمه شده است. بنگرید به:]
- Rezaei-Tazik, Mahdi; Mäder, Michael: «Gottvertrauen auf dem Prüfstand – Ein Disput iranischer Intellektueller», in: *Wissenschaft, Philosophie und Religion — Religionskritische Positionen um 1900*, published by Anke von Kügelgen, Berlin, Klaus Schwarz Verlag, first edition, 2017, pp. 196-228.
ـ سه مکتوب، به کوشش و ویرایش بهرام چوبینه، فرانکفورت آم مین، نشر البرز، چاپ نخست، آپریل ۲۰۰۵.
ـ *صد خطابه*، به کوشش محمد جعفر محجوب، لوس آنجلس، شرکت کتاب، ۲۰۰۶. [کار محجوب بهترین ضبطی است که من تا به حال از این کتاب دیده‌ام. کسان دیگری هم از جمله محمد خان بهادر پیش از انقلاب اسلامی و هارون وهومن پس از انقلاب اسلامی این کتاب را منتشر کرده‌اند].
ـ *سالار نامه* [*نامه باستان*]، به تصحیح، مقدمه و تعلیقات حمیدرضا خوارزمی و وحید قنبری ننیز، تهران، نشر تاریخ ایران، چاپ نخست، ۱۳۹۸. [خوارزمی و قنبری ننیز *سالار نامه* را منتسب به آقاخان کرمانی و احمد بن ملاحافظ کرمانی دانسته‌اند؛ شاید به این دلیل که احمد بن ملاحافظ کرمانی دنباله *نامه باستان* را از آغاز اسلام تا زمان مظفرالدین شاه سروده و در چهارچوب جلد دوم با عنوان *سالار نامه* منتشر کرده است. (بنگرید به مقدمه ویراستاران یادشده و همچنین آدمیت، *اندیشه‌های میرزا آقاخان کرمانی*، ص. ۵۴)].
ـ مقالات منتشر شده در «اخترِ» استانبول.
ـ *نامه‌های تبعید*، به کوشش هما ناطق و محمد فیروز، کلن، چاپ افق، چاپ دوم، پائیز ۱۳۶۸. [این کتاب از جمله در برگیرنده ۳۵ نامه از کرمانی به میرزا ملکم خان است. ۲۸ نامه از کرمانی (همراه با عکسی از آنها) نخستین بار از سوی سروان محمد کشمیری با عنوان «نامه‌ائی از میرزا آقاخان کرمانی» در

مجله «بررسی‌های تاریخی»، شماره ۴ و ۵، سال چهارم، پیش از انقلاب اسلامی، منتشر شدند].

۲. مقالات «اختر» از سوی «کتابخانه ملی جمهوری اسلامی ایران» در ۱۳۷۸ خورشیدی بچاپ رسیده اند.
درباره روزنامه‌ی «اختر» از جمله «آنیا پیستور ـ حاتم» کتاب مهمی نوشته است:
- Pistor-Hatam, Anja: Nachrichtenblatt, Informationsbörse und Diskussionsforum: Aẖtar-e Estānbūl (1876–1896) – Anstöße zur frühen persischen Moderne, Münster - Hamburg -London 1999 (2000).

۳. پارسی‌نژاد، *روشنگران ایرانی و نقد ادبی*، ص. ۱۲۶.
۴. نسخه‌ی خطی که بخط خود میرزا آقاخان کرمانی است و از روی نسخه‌ی مجتبی مینوی عکس‌برداری شده است. این نسخه به شماره «۶۷۰۲ گ» در کتابخانه‌ی مجلس شورای اسلامی موجود است. کتاب «ریحان بوستان‌افروز» به زودی با تصحیح من در انتشارات آسمانا منتشر خواهد شد.
۵. بنگرید به لغت‌نامه‌ی دهخدا، نسخه‌ی آنلاین:
https://icps.ut.ac.ir/fa/dictionary (Last access: March 2025).
۶. برخی منابع مرتبط به اشعار:
انوری: دیوان انوری، بکوشش سعید نفیسی، [تهران؟]، انتشارات سکه و پیروز، چاپ سوم، ۱۳۶۴.
دیوان وحشی بافقی، ویراسته حسین نخعی، تهران، چاپخانه سپهر، چاپ پنجم ۲۵۳۵.
کلیات حکیم نظامی گنجوی: *تعلیقات: مخزن‌الاسرار، خسرو و شیرین، لیلی و مجنون، هفت‌پیکر، شرفنامه و اقبالنامه [اسکندرنامه]*، از روی نسخه تصحیح شده استاد وحید دستگردی، تهران، نشر بهزاد، ۱۳۷۸.
مصلح‌الدین سعدی: *کلیات سعدی*، به تصحیح محمد علی فروغی، تهران، [چاپِ جدید از] انتشارات هرمس، چاپ اول ۱۳۸۵.

مولانا: مثنوی معنوی، مجلدات اوّل و دوّم و سوّم، بتصحیح و پیشگفتار عبدالکریم سروش، تهران، شرکت انتشارات علمی و فرهنگی، چاپ دوم، ۱۳۷۶.

مولانا: مثنوی معنوی، مجلدات چهارم و پنجم و ششم، بتصحیح و پیشگفتار عبدالکریم سروش، تهران، شرکت انتشارات علمی و فرهنگی، چاپ دوم، ۱۳۷۶.

«فنِ گفتن و نوشتن»

(سلسه مقالات)

«فنِ گفتن و نوشتن» [۱]

بر خردمندانِ ناطقه‌پرداز و سخن‌سنجانِ دقیقه‌شناس پوشیده نیست که حقیقتِ معنیِ گفتن و نوشتن عبارت از آن است که جمالِ ربّاتُ الحِجال[۱] معانی را بدستیاریِ مشاطگانِ[۲] چابکدستِ الفاظ از نهانخانهٔ فکرت در معرضِ شهودِ بیان یا منصهٔ ظهورِ بَنان جلوه‌گر سازند. و این مُخَدَّرات[۳] پرده‌نشینِ سُرادِقِ[۴] عِفاف ممکن نیست رویِ شهرآرایِ خود را [از] پردهٔ تواری[۵] بی‌هیچ وَسیلَتی[۶] به بازارِ نمایش عَرض دهند، مگر به یکی از این دو نیرنگ: «نیرنگِ اصوات» و «نیرنگِ ارقام».

چندانکه نیرنگ‌سازِ مُشَعبِد[۷] را چیره‌دستی و چالاکی در ترکیب و ترتیبِ الفاظِ دلفریب بیشتر باشد که آنها را بهیأتی متناسب و موزون

---

[۱] یعنی: «زنان حجله‌ها»، «بانوان حرم».

[۲] یعنی: «آرایشگر»، «چهره آرا».

[۳] یعنی: «زنان پرده نشین»، «خانم های باحجاب و پرده نشین و پاکدامن و با شرم و حیا».

[۴] یعنی: «خیمه».

[۵] « پردهٔ تواری» بمعنای «پرده ی پوشیدگی» است.

[۶] یعنی: «سبب»، «وسیله».

[۷] یعنی: «شعبده باز».

تألیف کند، عَرایسِ[8] افکار، کشفِ غِطا[9] و رفعِ قِناع[10] از چهرهٔ نیکو بیشتر نمایند تا بجائی رسد که یکباره شاهدِ معانیْ نقاب از چهره بیکسو گذارد و بی‌پرده و پیدا حسنِ شیدا و کرشمهٔ عالم‌آشوبش در همهٔ انظار هویدا و آشکار آید.

ولی هرقدر مشاطهٔ رعنا در ماهره‌سازی قصور ورزد، آن عروسانِ معانی رخ در پردهٔ تواری درکشند و سر در نقابِ مَستوری فروبرند، و چون فی‌الجمله چیره‌دستی ظاهر نماید، آنها نیز عشوهٔ اندک پدید سازند و همچون هلالِ عید گوشهٔ ابرو نمایند. و گاه باشد که مشاطهٔ بی‌وقوف آنقدر از حُلَل[11] و زیور بر عارضِ عروس بندد که روی شاهد منظور در زیر آن همه مُزَمَّلات[12] بیقیاس ناپیدا و مَستور بماند و لفظ از پی معنی رود و شاهدِ مقصود بِالمَرَّه[13] رخ فراپوشد.

قواعدِ منطق تنها اعانت میکند حسنِ تراکیب و صحتِ ترتیب را در مفردات و مؤلّفات، و این علم اگرچه مستقیماً قِسطاسِ[14] این فن است،

---

[8] یعنی: «جمع عروس».

[9] «کشف غطا» بمعنای «کنار زدن پرده یا پوشش» بکار رفته است.

[10] یعنی: «رفع پوشش». معنایِ لغوی «قِناع»: «پرده و پوشش که بر بالای مقنعه پوشند»، «چیزی که زن سر خود را بوسیله آن پوشد و آن وسیعتر است از مقنع و مقنعه».

[11] جمع «حله»، و بمعنای «زیورها»، «پیرایه ها» و «لباس های نو» است.

[12] یعنی: «درپیچیده شده به جامه و پنهان کرده شده در آن».

[13] در اینجا بمعنای «تماما» بکار رفته است.

[14] یعنی: «ترازو».

اما استعمالِ منطق تنها ازبرای تمامیتِ کلام کافی نه، بلکه باید صورِ تراکیب آن باین امورِ خمسه مُتَّصِف باشد.

«فَصاحَت»

از امورِ پنجگانه، نخست «فصاحت»، و او عبارت از آن است که الفاظی روشن و مشهور موافقِ زبانِ یوم و اصطلاحاتِ قوم بطرزی خوش‌ادا در اثنایِ سخن استعمال شود و از الفاظِ غیرمشهور و اِغلاقاتِ[15] منفور که مایهٔ انزجار و اشمئزازِ خاطر آید احتراز نمایند، و معنی جمیلتر، متبوعِ حسنِ کلام باشد نه تابع، تا موجبِ نشاطِ خاطرِ سامع گردد و مقصودِ اصلی را با قوتِ افزایشِ خیالاتِ متفرعه و مقاصدِ متناسبهْ مبسوط و مشروح سازد و از کثرت و تکرارِ ادوات از قبیل «در» و «بر» و «است» و «شد» و «بوده باشد» اجتناب شود که کثرتِ ادواتْ علتِ ضعفِ ترکیب و مُنافیِ حسنِ ترتیب است.

«بَلاغَت»

از امورِ پنجگانه، دومین «بلاغت»، و آن حسنِ ادا و کوتاهی جمله‌ها است، بطوریکه کلام در ادایِ مرام قاصر نباشد و بجمله‌هایِ طویل که مبتدا اولِ صفحه و خبر در پایانِ آن و مابین مشحون بمعترضات است

---

[15] یعنی: «پیچیده‌گویی‌ها».

محتاج نگردد، و در واقع، بلاغتِ حقیقی مبتنی است بر اقتباسِ ذهن از اشراقاتِ[16] حاصله از کثرتِ ممارست[17] و تَتَبُّع[18] در کلمات و معانیِ بُلَغا[19] و ریاضتِ نفس از محاورتِ با ادیبان و ظریفان. و در فرازهای آنْ توافقِ وزن و تساوی حروفِ متجانسه شرط است و اگر متساوی نبود زایدالحروف را در جزء ثانی گذارند و آنچه را که دارایِ کلماتِ خفیفه باشد مقدم دارند و باید کلام بلیغ مُفَرَّغ[20] باشد نه مُطَرَّق.[21]

«سَلاسَت»

سومین از امورِ پنجگانه «سَلاسَت» است، اما سَلاسَتِ گفتارْ هنری مادرزاد و خاصیتیْ خداداد است بمردمانی که بداهتِ افکار و سلاستِ ارکان و اعتدالِ عناصر و زی اخشیجانِ ایشان بسرحدّ کمال است و قوّهٔ مُقَرِّرِه و ناطقهٔ اینان هرگز از جولان بازنه‌ایستد و اینگونه مردمْ زودانديش و حماسیُ الاَدا و سریعُ الانتقال و الانفعالند و از فرطِ بداهتِ ذهن چنان

---

[16] در اصل: «شراقات».

[17] یعنی: «تمرین کردن»، «ورزیدن کاری به طور دائم».

[18] یعنی: «جستجو کردن»، «تحقیق کردن».

[19] جمع «بلیغ»، و بمعنای «شیواسخنان» و «چیره زبانان» است.

[20] مُفَرَّغ بمعنی ریخته است. (پانویس از آقاخان کرمانی و یا روزنامه‌ی «اختر» است و تنها اعراب گذاری از من است).

[21] مُطَرَّق آن است که با چکش بسازند، یعنی ترتیب سخن را بتکلف بهم بندند. (پانویس از آقاخان کرمانی و یا روزنامه‌ی «اختر» است و تنها اعراب گذاری از من است).

زودتصور و زودتصدیق و قوی‌الحکم میباشند که شورِ باطنیِ انفعالاتِ نفسانیِ خود را با وسایطِ آلاتیهٔ حرَف تحتِ ترتیبی فایق[۲۲] و اسرعِ حال[۲۳] بدیگر کسان القا میکنند.

«لطافت»

چهارمین از امورِ پنجگانه «لطافت» است، و آن کیفیتی است مقتضی آنکه اجزایِ کلام در آغازِ نظر خوش‌آینده و مزیّن نماید و متکلم از بعضِ کلماتِ مختصِ بلسان و اصطلاحِ مردمِ اوباش و عوام بپرهیزد، با وصفِ اتصاف آن کلمات بفصاحت، و این مطلبی است وجدانی، حوالت بِطباعِ لطیفه و خُلُقِ مستقیمه میشود.

«قوّت»

پنجمین آن امور «قوّت» است، یعنی سخن را بِآهنگی ادا نمایند که قلوبِ مستمعان و افکارِ عامه را هیجان دهد و ناوَکهای[۲۴] تند و تیزِ سخن تا بریشهٔ قلوب و اعماقِ افکار و خواطر نفوذ کند. و این در وقتی تواند شد که متکلم با حفظِ قواعدِ منطق و رعایتِ مناسباتِ ادبیه از

---

۲۲ یعنی: «برگزیده و بهترین از هر چیزی»، «چیره».

۲۳ یعنی: «بشتاب»، «سریعا».

۲٤ یعنی: «تیر کوچک»، «تیر کوچک که در غلاف آهنین یا چوبین که مانند ناوی باریک بود گذارند و از کمان سردهند تا دورتر رود و بدین وجه آن را ناوک گویند».

حالِ طبیعی خارج شده، از رویِ پُریِ دل و تأثرِ خاطر بطوری تکلم کند که طرف مقابل بی‌اختیار مسحور شود، و این صناعت بیشتر در نطقها و خطابه‌ها که فرنگّان[۲۵] «دیسکور» نامند بکار میرود و این نتیجهٔ همان آهِ صاحب‌درد است که از هزاران نوحه‌گر اثرش بیشتر باشد، و در این مورد تصنع مفید نیست، بلکه مضر است، و بعضی گفته‌اند آهنگِ صوت و هنجارِ آواز نیز دخالت دارد و دیگر مناسباتِ مخفیه و شیوه‌هایِ مطویّه‌ای در کار است که شرحِ آنها موقوف بر قریحهٔ زنده‌دلان و صاحبانِ فرهنگ است «که هرچه از جان فرود آید نشیند لاجرم بر دل».[۲۶]

طایفه‌ای[۲۷] از برای قوتِ کلام و موجباتِ هیجانِ افکار و قلوبِ عوام، آوازی بجوش و خروش و اشاراتی پی‌درپی و عباراتی مُشَعشَع و الفاظی سلیس و مُطَنطَن و هیئتی موحِش و طرحی مهیب شرط دانسته‌اند «مزاجی با تعرض دیر خورسند».[۲۸] ولی برای خواص و اولی‌الالباب که معدودی[۲۹] محدودند، تلویحاتِ بیهوده و تصریحاتِ عبث و طمطراقِ الفاظ و شَعشَعهٔ عبارات را جزء هوا میشمارند، بلکه نظر بحسنِ معانی و تناسبِ کلمات و لطفِ مضامین و قوّتِ شواهد و

---

[۲۵] منظور «فرنگیان» است.

[۲۶] از سعدی است، و در «غزلیات»اش آمده است.

[۲۷] در اصل: «طایفه».

[۲۸] در اصل: «مزاجی در تعرض دید خورسند». از وحشی بافقی ست، و در «فرهاد و شیرین»اش آمده است.

[۲۹] در اصل پس از «معدودی»، «واو»ی آمده که زائد بنظر رسید.

براهین دارند لاغیر. و در طریقِ ادا و تطبیق این معانی، سُفتَنِ گوش و انباشتنِ چشم کافی نیست، بلکه باید از عقل فراخواندن و بِدِل فرانشاندن تا نقشش بر لوحِ نفس مُرتَسَم[۳۰] و زخمش بر متنِ جان کارگر آید.

کلامِ مُشَعشَعِ پرقوّت آن است که مانندِ نشأهٔ تند فوراً در عروقِ اعصاب و رگ و ریشه و شریانات نفوذ نموده، مایهٔ سرعتِ دَوَرانِ خون گردد و نیوشنده را از حالتِ طبیعی خارج کند، بقسمی که دیگر از هیچ چیز پروائیِ اندیشه نسازد. و یا مانند بارقهٔ حسنی عالم‌افروز که بنوکِ غَمزِهِ دِلدوز و خَدَنگ مژگان و کمانِ ابرو و افعیِ چوگان زلف و آتشِ چشمان جادو یکدفعه در جسم و جانِ عاشق بهیئتی چنان اثر نماید که اگر کوهِ آهنین باشد چون گوی برباید و اگر طَود اَشَم[۳۱] بود بصاعقهٔ جهانسوزش میفرساید، و یا چون سیلی شهرآشوب و بنیان‌کن که از بالایِ کوهی بلند کف‌افشان و سریع‌الجریان سراشیب شود و خروشان و جوشان بسمتی روی نماید، بدیهی است که هیچ سدی محکم در برابرش مقاومت و پایداری نتواند نمود. «باقی دارد».

---

[۳۰] یعنی: «منقش»، «نگارین شده».

[۳۱] یعنی: «کوه بلند».

«بقیه از مقالهٔ فن گفتن و نوشتن»[۳۲] [۲]

«سهلِ ممتنع»

اما سهلِ ممتنع آن است که چون سطحی کرویِ‌الشکل از هیچ طرف رخنه‌پذیر نباشد و اثرش در قلوب و نفوذش در مغزِ مستمعان مانند خوابی نوشین در دماغِ جوانی سرگرمِ از نشأهٔ دوشین آهسته و اندک «مِنْ حَیْثُ لَا یَعْلَمُ»[۳۳] نفوذ نماید و دمبدم سرتاپایِ وجودش [را] فراگیرد و یا چون نفخهٔ حیاتی جدید که تدریجاً در نطفه دمیده صورتی احسن‌الصور تشکیل کند. و اساسِ قدرتِ این کلام بر آن است که مناسباتِ لطفِ سخن بحیثیتی معتدل بدرجه‌ای[۳۴] متساویِ‌العناصر باشند که گوییا فروغِ شَعشَعهٔ هریک از نکاتِ حسن و آن لطفِ سؤرت، اشتعالِ حسنِ دیگری را تعدیل نموده و سرکشیِ پرتوِ هریک از فَرِ[۳۵] فروغِ دیگری فرونشسته، در این صورت این کلام از غایتِ حسن و زیبایی، آناتِ حسنش در هم مُضمَر،[۳۶] و لطایفِ جمالش در یکدیگر مُدغَم[۳۷] است. و کوتاه‌بینان را یارایِ مطالعهٔ جمالِ شاهدِ معنیِ آن نیست که فروغِ حسنش از چشمِ ظاهریان پنهان و مستور است و تجلیاتِ

---

[۳۲] در اصل: «شنفتن».

[۳۳] یعنی: «از جایی که نمی‌داند».

[۳۴] در اصل: «بدرجه».

[۳۵] یعنی: «شأن»، «شوکت»، «شکوه».

[۳۶] یعنی: «پوشیده و پنهان».

[۳۷] یعنی: «ادغام شده».

جمالش ماورایِ مفهومِ ظاهر و فوقِ ادراکِ ظنون و خواطر تواند بود، با وصفِ این، از غایتِ پیدایی شاهدِ بازاری‌ست.

و آن قوتی که در جنبشِ مِضراب این سخن نهفته مانده بِیک آهنگِ غیبی مربوط است که رشتهٔ عودش بِتارِ جان پیوسته باشد و زخمهٔ چنگش بر دل نشسته، حرکات اَوتارش[۳۸] محیرالعقول و مهیج‌الارواح است.

بالجمله کسانیکه بقوتِ نطقِ مشعشع عالمی را زیر و زبر و متهیج ساخته‌اند در هر عصر پیدا شده‌اند، اما اینگونه سخن گفتن منحصر بعصرهایِ مخصوصِ معارف و اشخاصِ معدود است، زیراکه مماسِ اجزاء کلام بقدری باید مکمل و تمام باشد که یکی از آنها در میانه نمایان و ممتاز نگردد، و بعبارة اخری، آنقدر عناصرِ کلام را ملایمت و اعتدال فراگیرد که مزاجی لیّن‌العریکه[۳۹] تشکیل یابد و طِباعِ[۴۰] سرکش از شدتِ الفت و فرطِ امتزاج بیکدیگر سرشته شوند و در نزدِ اولی‌الالباب میانِ این کلام با کلامِ نخستین فرقها بسیار باشد.

---

[۳۸] جمع «وَتَر»، و به معنی «تارهای ساز و رودهای کمان» و «زه‌ها» است.

[۳۹] یعنی: «نرم خوی».

[۴۰] جمعِ «طبع»، و بمعنی «سرشت‌ها»، «طبیعت‌ها» است.

«بروزِ سخن»[41]

روش و سبیکهٔ سخن عبارت از همان ترتیب و نظمی است که در سیاقِ معانی بکار می‌برند. اگر ابتدا از نتیجه کنند و پس بذکرِ صغری و کبری پردازند او را «اثباتِ دعوی» گویند، و اگر تنها یاد شود قیاسِ «مطویّ‌المقدمه» نامند، و اگر قضیهٔ صغری با نتیجه‌یِ مذکور آید «محذوف‌الاوسط» خوانند و بهتر آن است که تمام اجزایِ قیاس بر وفقِ ترتیبِ طبیعی ذکر شود که بقیاس «کامل‌الاساس» موسوم است. اما چون از معلول بعلت سوق کند «اقناعی» باشد، و چون از علت بمعلول سوق نماید «برهانی»، و هرگاه ایجابِ مطلب را کند «استقامی»، و اگر از راهِ ابطالِ نقیض پیش آید «خُلفی» نامند.

«اَنیابِ اغوال»

چه بسیار کسانی که بِاطلاعاتِ سطحی خود مغرور و بر غیرِ اساسِ منطق سخن رانند و طریقِ سوق و حرکت بر رویِ خطِ مقصود را نمیدانند و بِاندک خطوه‌ای[42] از جادهٔ روش بدر رفته از فرطِ اُشتُلُم[43] در

---

[41] در اصل: «پرور سخن».

[42] در اصل: «خطره»، و در اینجا احتمالا بمعنای «گام برداشتن» بکار رفته است.

[43] در اینجا احتمالا به معنای «تندی» و یا «لاف زدن» بکار رفته است. معنای لغوی آن: «تندی و غلبه و زور و تعدی کردن باشد بر کسی و بزور چیزی گرفتن»، «قهر و غلبه و تعدی و زور».

بیغوله‌های وَعِرُ المَسالِك[٤٤] گم میشوند و این کلام را «نیشغول» خوانند؛ باین معنی که متکلم استقامتِ خطِ اصلی را گذارده بفروعات و حواشی غرق میشود و ناچار بمشکلاتِ لاینحل دوچار میماند. پس اگر بخواهد در سلسلهٔ عَرَض و حواشی مشی نماید فرسنگها از اصلِ مطلب دور میافتد و اگر بخواهد متفرعات را گذاشته باصلِ سخن پردازد کلام ناقص و ابتر میشود. در این صورت اغلبِ کلماتِ مردمانِ غیرِ مُتَوَغِّل[٤٥] در قواعدِ منطق هرقدر که دارایِ سلیقهٔ مستقیم باشند از این دو عیب خالی نیست؛ یا منحرف و نیش غول است یا ابتر و دم‌بریده. و در سوقِ سخنْ صناعتِ بزرگ آن بود که روحِ مطلب را در قالبِ متفرعات بگنجانند و حواشی را در سلسلهٔ طول ربط ندهند.

«حدِ اعتدال»

اگر لجامِ سلسلهٔ ترتیب را تنگ گرفته، سخن را مقصور و محصور سازند، مختصر و موجز شود، و اگر زمامِ حرکتِ او را سست کرده، اتصالات و ارتباطات را بهوای تلاطمِ الفاظ واگذارند، سخن هرآنقدر فصیح باشد منجر به اِطناب و اِسهاب[٤٦] خواهد شد، و اگر عباراتِ موجز و متینْ بریده و مُتَقَطِّع[٤٧] آورند، هرچند ادیبانه باشد، از سَلاسَتِ

---

[٤٤] یعنی: «دشوارترین راه‌ها».

[٤٥] یعنی: «سطحی‌نگر».

[٤٦] «اِطناب» و «اِسهاب»، هر دو، بمعنایِ «درازگویی» بکار رفته اند.

[٤٧] یعنی: «پاره پاره و بخش بخش گردیده».

طبیعی میافتد، و هرگاه مسلس و مُسَلسَل از پیِ هم ترتیب شود، از قبیل تَعَسُفات[٤٨] و شمسات شمرده میشود. چون مفردات یا مرکباتِ سخن را با معانیِ مشترک ادا سازند، جملهٔ کلام محتملُ‌الوجوه و موجبِ خطراتِ خاطر و شُبُهاتِ ذهن خواهد بود، و هرگاه مترادفات[٤٩] را ردیف نمایند از عیبِ تکرار و ایطاء[٥٠] خالی نماند. اگر بخواهند بدونِ پیچیدگی و بی‌تکلفانه عناصرِ عقودِ کلام را ترتیب کنند، سخن خیلی ساده و بی‌رمق خواهد شد، و هرگاه سلسلهٔ الفاظ و معانی را مجعود[٥١] و مبسوط[٥٢] سازند، رفته‌رفته [سخن] بتکلفات دوچار خواهد گشت.

«شعریات»

آنانکه خواهند شاعرانه سخن گویند، اگر صناعتِ شعر را بنحویکه در منطق مقرر است ندانند، سخنِ ایشان سراسر پر میشود از تشبیهات و استعاراتِ بی‌مزه و سراپایِ الفاظ و معانیِ آنان را پاره‌ای[٥٣] شطحیات و رعایت نظیر[٥٤] فرامیگیرد، بدون اینکه ابداً افادهٔ لطف و نزاکت در معانی

---

[٤٨] یعنی: «کج‌روی‌ها».

[٤٩] در اصل: «متردفات».

[٥٠] یعنی: «تکرار نامناسب».

[٥١] احتمالا منظور «مجعد»، بمعنای «پرپیچ و تاب» است.

[٥٢] در اصل: «مسبوط».

[٥٣] در اصل: «پاره».

[٥٤] یعنی: «(...) مراعات نظیر یا صنعت تناسب آن است که شاعر یا نویسنده در شعر یا نثر خود کلماتی را به کار گیرد که با هم نسبتی و مناسبتی داشته باشند، مثلاً کلمات

نماید، یا الفاظ هریک در موقع خود استعمال شود، یا اینکه حقِ ملایمات، حسنِ انعطاف و سرعت اِنفِتالِ عبارات[55] ادا کرده آید. پس همان به که متکلم بدونِ شناختنِ مناسباتِ معانی و لطایفِ مقرره در صناعاتِ خمس مرتجلا شروع به نظم و نثری نکند که خود را بی‌شک در نزدِ اولی‌الالباب مفتضح و رسوا خواهد نمود؛ با همان مدادیکه صفحهٔ کاغذِ خویش را تَسوید میکند رویِ سفید خود را نیز سیاه خواهد ساخت.

چه نیکبخت کسانیکه بیگناه بدند
قلم بدست گرفتند و روسیاه شدند

در اینباب «ولتر»، که از مشاهیرِ ادبا و دانشورانِ فرانسه است، میگوید: هر صناعتی چون ناقص باشد تا بیکدرجه مفید فایده و مثمر ثمری ازبرایِ رفعِ احتیاجاتِ معاشیه خواهد شد، مگر صناعت شعر و انشا که درجهٔ ناقص آن مفیدِ نتیجه نیست، بلکه مایهٔ انزجارِ خاطر و موجبِ اختلالِ مشاعر میگردد. پس اولیٰ آن بود که هرکس این قوه را بِهیأتِ ناقصْ صناعت خود قرار داده، او را تبدیل بِکسبی دیگر سازد.

مزرع و داس و کِشته و درو در این بیت حافظ: مزرع سبز فلک دیدم و داس مه نو / یادم از کشته خویش آمد و هنگام درو.»

[55] منظور از «سرعت اِنفِتالِ عبارات» می تواند «تغییر دادن سریع و روان ساختار و لحن جملات» و یا «انعطاف سریع در بیان مقصود» باشد.

اما پاره‌ای[٥٦] اشخاص بندرت اتفاق میافتد که از استقامتِ سلیقه و جودتِ رأی و استعدادِ فطری و طبعِ موزونْ متمنطقانه مینویسند و متکلمانه میگویند و کلامشان از هر عیب و نقص خالی و عاری است، ولی چنان اشخاص بواسطهٔ داراییِ اشراقِ ذهن، بالطبع، صفحهٔ لوحِ خیالشان بر ترتیبِ منطق مفطور است. (باقی دارد).

«بقیه از مقالهٔ گفتن و نوشتن» [۳]

خوبترین ادائی ازبرایِ توصیفِ سخن‌سازی همان تعبیری است که معلمِ مشائی[٥٧] در مبادیِ منطق آورده که سخنِ حقیقی هرچه را باید داراست و از هرچه نباید مبرا. مثلاً اگر کسی بگوید ـ «طیوریکه در هوا پرواز میکنند» ـ نیمهٔ سخن تعبیرِ زاید است، زیرا که طیورْ نوعِ صحرائی ندارد، و هرگاه بگوید ـ «درختانِ باغ برآوردند» ـ چیزی فروگذار نموده که این درختان چه چیز برآوردند؟ شکوفه یا غنچه یا ثمر یا برگ؟ و هم او گوید هر سخنی به تَصاریفِ دهور و ایامْ منسوخ شود، چه لباسِ اصطلاحات و پیرایهٔ عبارات در تصریفاتِ زمان اِندِراس[٥٨] پذیرد، مگر کلامِ حقیقیِ

---

[٥٦] در اصل: «پارهٔ».

[٥٧] منظور «ارسطو» ست، و آقاخان کرمانی از او با همین عنوان در «تکوین و تشریع» و «حکمت نظری» نیز یاد کرده است.

[٥٨] یعنی: «کهنگی».

ساده از هر حُله و زیور، زیراکه آنچه باقی و جاوید ماند حقیقت است و بس.

گرچه ما مقصود نداریم درین مقاله فنونِ سخن‌پردازی را بالاطراف شرح و بسط دهیم، ولی بطورِ اجمال هم از او نشاید گذشت که طایفه‌ای[۵۹] بر عجزِ نویسنده حمل نمایند، لاجرم بعضی مراتبِ آن را در لباسیکه متکلمان را بکار آید بطور مختصر یاد می‌نماییم تا خوانندگان بی‌بهره نمانند و از دوحهٔ بلاغت ثمره ای[۶۰] اِقتِطاف کنند.

«طرحِ معانی»

اکنون پیش از تَتَبُّعِ ترتیبی، که شاهدِ زیبایِ معانی را در لباسِ آن ترتیب باید جلوه‌گر ساخت، اساسی متینْ طرح و تأسیس خواهیم نمود که در آن بجز تصوراتِ ابتدائیه و معانیِ اولیه که مقصودِ بالذات‌اند چیزی ذکر نخواهد شد و بواسطه‌یِ تعیینِ مواضعِ آن معانی بر رویِ این اساسِ اولین است که مطلب محدود و بَدوْ و نهایتش معلوم میگردد و در سایهٔ آن طرح‌ریزی است که فاصلهٔ حقیقیِ خیالاتِ فرعیه از خیالاتِ اصلیه مشخص و وسایط لازمهٔ ادای آنها معین میشود، چه مقصودِ بالذات بایستی متحد باشد و در هر حال نظرِ متکلم بر نقطه‌ای[۶۱] متعین بود و

---

[۵۹] در اصل: «طایفهٔ».

[۶۰] در اصل: «ثمرهٔ».

[۶۱] در اصل: «نقطهٔ».

بر روی یک خطِ مخصوص حرکت نماید و از افزایشِ خیالاتِ خارجه که موجبِ فواتِ غایتِ مقصودست[٦٢] پرهیز کند، و باید ترتیبِ اجزاء اصلیه را چنان از اولِ امر طرح کرد که اول و وسط و آخرِ مطلب معین و مطلع و مخلص و مقطع مشخص باشد. چون خواهد بر روی یک نقطه از مطلبی بمطلبی گذرد، در آن مقام عبارت را بنوعی ادا کند که تذکارِ ماضی[٦٣] و اخطارِ ماسیأتی[٦٤] شده باشد، و چون معانیِ اصلیه و فرعیه از هم مُمَیَّز شد آنها را باید تَسمیط کرد، یعنی هریک را برجای خود نشانید و سلسله را رنگِ تناسب داد تا هریک تأثیر و خاصیتِ خود بخشند.

در این صورت می‌توان به قوتِ قریحتی اندک حالاتِ عمومیه و خصوصیه را از حیثیتِ غرضِ حقیقی بودن تصورکرد و با مقداری دقت قوهٔ مُمَیِّزهْ صحیح و سقیم و مثمر و عقیم آنها را از یکدیگر تشخیص داد، ولی باید به اکتسابِ ملکهٔ راسخهْ نتیجهٔ آن همهٔ تصرفاتِ ذهنیه را از همان آغاز دریافته باشند تا معنی مُعَقَّد[٦٥] و مبهم نگردد، همین که مطلبْ اندکی بهم پیچید و عُنقودِ سخن[٦٦] کسبِ انتشار نمود در بادیِ نظر احاطه بدان سخت است، بلکه بدستیاریِ قریحت هم با کمالِ دقتْ نکات و مزایای آن را دریافتن و بِکُنهِ آن واصل شدن از ممتنعات یا

---

[٦٢] یعنی: «از دست رفتن هدف و مقصود».

[٦٣] یعنی: «یادآوریِ گذشته».

[٦٤] یعنی: «هشداری برای آینده نه چندان دور».

[٦٥] یعنی: «پیچیده».

[٦٦] در اینجا بمعنای «ترکیب‌های به‌هم‌پیوسته‌ی سخن» بکار رفته است.

مشکلاتِ نادرالوقوع است. پس هرچه ابتداء بیشتر وسیلهٔ تأکید و اِنشِراحِ[٦٧] خیالات را بجویند و از رویِ تأمل و تأنق باعتلایِ پایهٔ خیالات بیفزایند، در معرضِ عیان و حَیِّزِ[٦٨] بیان آوردنِ آن آسان‌تر خواهدبود. این طرح‌ریزی اساس و بنیادِ کلام است که او را مؤکد ساخته و به راهش گذاشته، عبارات را تحتِ ترتیباتِ صحیحه میآورد و سلسلهٔ معانیِ پراکنده را بهم مرتبط می‌سازد و بی این اساس بهترین نویسندگان قلمش در عرصهٔ صحیفه بسرخود جولان میکند و غالباً گمراه میشود، و خیالاتش رمی‌مِن‌غیر رام[٦٩] و دقایق و نکاتش مُباینِ مرام می‌افتد، [و] هرقدر [هم] رنگ‌آمیزیِ فقراتش درخشان و رخشان و لطایفِ مفرداتش لمّاع و زرافشان باشد، [باز] هیأتِ مجموع آن بذهن میزند و افادهٔ معنی نمی‌نماید، بلکه اینگونه سخن در نزدِ اربابِ بلاغت از مقولهٔ زُخرُفِ مُلَمَّعات[٧٠] شمرده میشود.

---

[٦٧] یعنی: «گشاده شدن»، «گشادگی».

[٦٨] یعنی: «مکان، جا»، «جهت».

[٦٩] در اینجا بمعنای «بی هدف» بکار رفته، و معنایِ لغویِ آن «تیر انداختن بدون هدف» است.

[٧٠] «زُخرُف مُلَمَّعات» در اینجا به معنای «زینت‌های رنگارنگ و آراسته اما بی‌محتوا» بکار رفته است.

«مُلَمَّعات»[۷۱]

بجهت همین، آنکسانی که الفاظی چند شفیف[۷۲] و رخشنده اکتساب نموده‌اند چون خواهند از آن الفاظ تراکبِ منثوره ترتیب نمایند، فرجامِ کارشان بقیلوس درائی و رَطب و یابِس‌بافی[۷۳] منجر می‌گردد، و همچنین کسانیکه بِاولین نایرهٔ فکرتِ خود دلگرم میشوند در طرزِ افاده بآن دست که برمیخیزند پیش نتوانند برد، بل از پای درمی‌افتند[۷۴] و چونان دولتِ مستعجل فوراً پس از لمحهٔ درخشیدن فرومی‌نشینند و از فورانِ نخستین بازمی‌ایستند، و اینان بمثابهٔ سحابهٔ صیف‌اند که پس از رعد و برقی زیاد عرقش خشک و رطوبتش نَشف می‌شود، و آنانکه از ظهورِ حالاتِ وحشی و خیالاتِ متفرق در اوقاتِ مختلف فصولِ پراکنده مینویسند جمع و تلفیق آنها در یک سلسلهٔ متناسب خالی از صعوبتی بسیار نیست. خلاصه،[۷۵] تلفیقاتِ مُرَقَّع و مُوَصَّل بسیار زیاد است و تألیفاتِ یک‌دستِ یک‌نواخت خیلی کم. (باقی دارد).

---

[۷۱] در اصل: «معلمات».

[۷۲] یعنی: «روشن»، «شفاف».

[۷۳] «رَطب و یابِس‌بافی» در معنای «خشک و تر را به هم بافتن» بکار رفته، و «کنایه است از سخنان درهم و برهم و بی سروته و بیهوده گفتن».

[۷۴] در اصل: «می‌افتد».

[۷۵] در اصل: «خلاصهٔ».

«بقیه از مقاله فنِ گفتن و نوشتن» [۴]

مضامینِ بسیار بافتن پسندیده نیست، بلکه هنر در ترتیب و حسنِ انتظام آنهاست. چون مطلب واحد است، هرقدر مبسوط و طویل باشد گنجانیدن آن در یک خطابه ممکن است، بدون بکار بردن فواصل و تقاسیم. و اما چون مطالبِ مختلف ذکر شود ناچار است از بعضی مواقف و تقسیمات تا حرکتِ فکریه در سیاق و روش خود سرآسیمه نماند، و همچنین اگر غرض ذکرِ معظمات و معضلاتِ مقاصدِ متباینه باشد، بجهتِ اقتضایِ حال بآن معنی ناچار است، وگرنه کثرتِ تقاسیم بجای رَزانَت[۷۶] موجب پریشانی و اخلالِ جمعیتِ سلسلهٔ کلام میشود. و علاوه بر مراعات این دقایق پاره‌ای[۷۷] شرایط دیگر لازم است تا طرح‌ریزی و تأسیسِ کلام بر اساسِ متین و رزین باشد. اگرچه در ذکرِ شقوقِ متعدد و کثرتِ تقاسیم، عبارت در بادیِ نظر واضح و آسان می‌نماید، اما مقصودِ بالذات مبهم و مغلق خواهدماند، بنوعیکه بذهنِ خواننده فرونتواند رفت، بلکه درکِ مطلب از آن نیز بوجهی میسر نتواند بود، مگر بواسطهٔ فرونگذاشتنِ رشتهٔ سخن از دست و بجهتِ ارتباطِ موافقتِ خیالات با ایضاحی متوالی و تدریجی مستند و طرزی یک‌لَخت[۷۸] که همهٔ فواصل را تحتِ اضمحلال آورد.

---

[۷۶] یعنی: «آهستگی و گرانباری و سنگینی»، «استواری».

[۷۷] در اصل: «پارهٔ».

[۷۸] یعنی: «یک‌دست»، «یکپارچه».

«کلامِ طبیعی»

سخنِ طبیعی و کلامِ حقیقی آن است که گوینده از روی فطرتْ آهنگِ سخن کند، بی آنکه در اثنایِ سخن ملتفت و متوجه بساخته‌کاریهایِ کلام باشد و بعطفِ عنان و تعدیلِ لسان و تصنعاتِ طرزِ ادا و بیان ابداً نپردازد، و اینگونه سخن از هرکس تراوش کند، در حد خود مکمل و تمام و ساده و عاری از تصنعاتِ سخن‌پردازی و لَمَعاتِ[۷۹] رخشانِ خودسازی است.

چرا مصنوعاتِ طبیعت این‌قدر مکمل و تمام است؟ بجهت اینکه هر فردی از افرادِ آن مجموعی است و صنعِ صانعِ آن بر اساسِ جاویدی که هرگز از آن پایه منحرف و منعطف نمی‌شود تخمِ محصولات خود را بآهستگی و خاموشی آماده میکند. فطرتِ نخستین ذوی‌الارواح[۸۰] را با صنعی بی‌تفاوت مخمر می‌سازد و با حرکتی دائمی و زمانی مقرر باستنما و استکمال آن می‌پردازد، چه تمغایِ[۸۱] حقیقت آرایشِ کالبدِ ماهیت است. صناعت اگرچه حیرت‌انگیز است، اما آنچه بواقع و حقیقت ما را متحیر سازد آثارِ طبیعت میباشد که صنعتْ تقلید آن میکند.

---

[۷۹] جمع «لَمحه»، و بمعنای «پرتوها»، «روشنی‌ها» است.

[۸۰] یعنی: «جانداران».

[۸۱] یعنی: «مُهر». شاید واژه «تمنا» درست باشد.

عقلِ اکتسابی بالارتجال[۸۲] ایجاد چیزی نمی‌تواند و بهیچ چیز دسترس نمی‌شود، مگر بدستیاریِ حرکاتِ فکریه در سایهٔ ترتیباتِ قیاس، و اشراقاتِ اقتباسِ معلومات او تخمِ محصولات اوست، و از اولیاتْ کشفِ نظریات میکند، فقط اساس کارش بر اکتساباتِ فکریه است، اما اگر در رفتار و کردارِ خود پیروِ طبیعت باشد با قوتِ مشاهده و نظرْ باوجِ حقایقِ عال العال[۸۳] می‌رسد و کَیْفَ مَا اتَّفَقَ[۸۴] کارش خودبخود سامانِ استوار میگیرد، و اگر به نیرویِ تفکر، معلوماتِ فطریه را فراهم آورد و از آنها مجموعه‌ای[۸۵] و ترتیبی سازد بر رویِ بنیانی پایدارْ بنایی قوی‌بنیاد تأسیس میتواند کرد و طرحی بلند میتواند افکند.

«حیرت در نگارش»

بعلت فقدانِ اساس و ضعفِ موضوع است که شخصِ تیزفهم سراسیمه میماند و نمیداند در یک مطلب از کجا آغازد، چه خیالاتِ بسیار در نظرش جلوه‌گر میشوند، اما چون آنها را مقایسه نکرده و رعایتِ دقایقِ قواعد ننموده و طرحِ طبیعی را بدست نیاورده، هیچ وسیله‌ای[۸۶] او را

---

[۸۲] یعنی: «بی‌اندیشه و تأمل چیزی گفتن».

[۸۳] احتمالا در اینجا به معنای «بلندپایه» و «ممتاز» بکار رفته است. آقاخان کرمانی این واژه را در کتاب «تکوین و تشریع»اش نیز بکار برده است.

[۸۴] یعنی: «هر طور که پیش آید».

[۸۵] در اصل: «مجموعه».

[۸۶] در اصل: «وسیلهٔ».

بآغاز و انجامِ مقصود و ترجیحِ اطرافِ موضوع دلالت نمیکند، لاجرم در تشویش و سرگردانی می‌افتد. همینکه اساسی برای خود گذاشت و یا اینکه با اِمعانِ نظر[۸۷] خیالاتِ اصلیهٔ موضوع را بیک سلک مُنخَرِط و در یکرشته منتظم ساخت، نقطهٔ مقصود خود را میداند و وقتِ کمال و زمانِ بلوغِ محصولاتِ فکریهٔ خود را می‌شناسد. چون آغاز بگفتن یا نوشتن کرد، ترتیباتِ منثور و منظوم و تلویحاتِ مَنطوق[۸۸] و مفهومش مطیعِ یک قانونِ مخفی و هنجارِ حرکاتِ الفاظش در هُبوط و صعود و ترقی و تنزل تحتِ یک میزانی طبیعی منتظم و موزون است و سلسلهٔ وارداتش متوالی و پی در پی می‌آید و بارقهٔ خیالاتش بآهنگِ سلاست معاونت مینماید. ترتیبِ کلامش طبیعی و به فهم نزدیک و باسقاتِ معانی‌اش شاداب و نیک است، پس با کمالِ شوق و ذوق بِادایِ معانی می‌پردازد و از لذتِ حسنِ ترتیبِ الفاظ دلگرم شده، دلگرمیش بهرسو سرایت میکند، بیاناتش در قالبِ معانی میدرخشد و به هر بیانی جان می‌بخشد. رفته‌رفته، سراپا همه قوت و جان میگیرند و طرزِ ادا بلند می‌شود و پایهٔ معانی عالی و ارجمند، نَفَحاتِ[۸۹] بیانش روح‌پرور، و لمعاتِ ادایش دمبدم سنگین و رنگین‌تر میگردد. و هم ادراکاتِ باطنی پیوسته بعرفانِ ظاهری میافزاید و او را بغایت مبسوط میسازد تا از آنچه

---

[۸۷] یعنی: «دقت نظر»، «نظر دوراندیشانه».

[۸۸] یعنی: «گفته شده».

[۸۹] در اصل: «نفخات».

گفته، بدانچه خواهد گفت، بطریقی خوش و آهنگی دلکش بگذرد و چنین نقطه‌ای[۹۰] را «فصل‌الخطاب» نامند. (باقی دارد).

«بقیه از مقالهٔ فنِ گفتنِ و نوشتن» [۵]

در کثرتِ معانیِ مختلف هیچ ترتیبی فایق‌تر از آن نیست که ابتدا از اولیات و امورِ ضروریه نماید و نظریات را بر رویِ آنها بگذارد، و بعبارتِ اخری، معانیِ واضحه را پایگاهِ معانیِ نظریه قرار دهد تا هنگامِ عبرتْ نقطهٔ فکرِ مخاطب بر خطِ استوا حرکت نماید و از معلومات بمجهولات بآسانی بگذرد؛ چه هرکس در نهائیات سراسیمه ماند، سبب آن است که اولیات را بخوبی تصور ننموده.

«التزامِ صنایع»

هوس و اشتیاقِ نوشتن را هیچ مخلی بدتر از التزامِ نکات در هرجای کلام نیست که سطحِ سادهٔ کلام را مراعات این نکاتِ ثاقبه[۹۱] همچون مُثَقّبِ حدید[۹۲] مُشبَّک[۹۳] و سوراخ میسازد. وضوح و لمعانِ یکسان و لازم‌الوقوع یک جِرم را در یک نوشته چیزی مخالف‌تر از آن شراره

---

[۹۰] در اصل: «نقطهٔ».

[۹۱] یعنی: «روشن»، «روشن کننده».

[۹۲] یعنی: «مته».

[۹۳] یعنی: «سوراخ سوراخ».

نمی‌تواند بود که از روی تکلف بِالتقایِ کلمات حاصل می‌شود و چشم ما را دقیقه‌ای[۹۴] چند از روشنی خیره نمی‌سازد، بلکه ابداً تیره میدارد. اینها خیالاتیست که نمی‌درخشد، مگر بطریق مضادّة و تناقض؛ یکطرفِ مطلب را بنظر مزین مینماید و سایرِ اطرافش را از نظر میرباید. لمعاتِ درخشانِ آن نکاتِ ثاقب گاهی چنان فروزان و آرزوی تماشای دیده میشود که نظر از بس مفتونِ باشعهٔ مشعبدِ آنها می‌گردد از باقیِ معایب و نواقص غفلت میورزد و آن بوالعجبیها پس از یک طرفةالعین بمثابهٔ فسفوری تابنده یا شهابی فروزنده از میان برمی‌خیزد. همینکه چشم‌بندیهایِ نخستی زایل شود و به نظر ثانوی در آن الواح و رقوشِ رخشنده اِمعان و تامل کردند، جز مادهٔ ظلمانیِ موحِش و هیئتی غاسق[۹۵] چیزی مشاهده نمی‌شود و بقیهٔ از آن سرابِ بقیع بنظر نمیآید و شرارهٔ آن شعبده‌بازی یکدفعه فرومی‌نشیند و اغلبِ اوقات طرفِ مختار نقطه یا زاویه‌ایست که هرچند اربابِ احساساتِ عمیقه از آن طرف دور بشوند در طرف دیگر ذهن را آسان‌تر مشغول می‌سازند. در میان بُلَغای[۹۶] متقدمین و متأخرینْ نظم و نثرِ سعدی از آن سبب بحسنِ ترکیبْ ممتاز و ضروبِ امثال گشته، که این چیزها را اولاً مراعات نکرده، و اگر احیاناً جائی رعایت نموده، بطوری در ملایماتِ اجزاء کلام گنجانیده و آنرا بطرزی نضیج و معتدل ساخته که خواننده در بادیِ نظر ابداً ملتفت نمی‌گردد و اگر ملتفت شود

---

[۹۴] در اصل: «دقیقهٔ»

[۹۵] «هیئت غاسق» در اینجا بمعنای «شکلی تاریک» بکار رفته است.

[۹۶] جمع «بلیغ»، و بمعنای «شیواسخنان» است.

گمان می‌کند که این مراعات بحسبِ بخت و اتفاق و تصادف کرده و بالذات مقصودِ گوینده نبوده.

پایهٔ شرافتِ آیاتِ سماوی از اینجا معلوم میگردد که از شایبه[97] و ریبِ[98] هرگونه تصنع و خودسازی، و مراعاتِ التزامِ هرگونه نکاتْ چنان ساده و عاری است که گویا رایحهٔ مجاز و استعاره استشمام نکرده و جز حسنِ خدادادِ طبیعی پیرایه‌ای[99] بر خود نبسته و اگر احیانا در آنها جمله ای[100] بر سبیلِ تمثیل و تشبیه دیده میشود از این قبیل نیست، بلکه تمثیلات و تشبیهات در آنجا عینِ بیانِ واقع و کشفِ حقیقت است. لهذا، در ضمنِ تمثیلاتِ آن بیانِ محکم‌بنیانْ حقایق هرچیز را میتوان فهمید و سرتاپای آن کلامْ صرفِ حقیقت و عینِ واقع است و بس، بی هیچ آرایش و ساختگی. «حاجت مشاطه نیست روی دلارام را».[101]

همچنین بلاغتِ حقیقی را هیچ‌چیز مخالف‌تر از استعمالِ آن خیالاتِ دقیقِ غیر استوار و احساساتِ عمیق و ناپایدار نیست که مانند اوراقِ خفیفهٔ فلزات میدرخشند تا از صلابت و رَزانَت[102] محروم نشوند و همین درخشندگی دلیلِ کمالِ خفت و رِقّتِ آنها است. لهذا هرچه بیشتر در یک نوشته از این خیالاتِ دقیق و رقیق و رخشان بکار برند،

---

[97] یعنی: «آلودگی»، «شک، گمان».

[98] یعنی: «شک، گمان».

[99] در اصل: «پیرایه».

[100] در اصل: «جمله».

[101] از سعدی ست، و در دیباچه «گلستان»اش آمده است.

[102] یعنی: «گرانباری»، «سنگینی»، «وقار».

تناسب و وضوح و اثر و قوتِ شیوهٔ کلام کمتر میشود، مگر اینکه مقصود خود همین معنی بود و مؤلف را غرضی جز استهزا و تزییف[۱۰۳] نباشد. آنگاه شاید که استعمالِ معانیِ رقیق از معانیِ متین دشوارتر نماید. محسناتِ طبیعی را هیچ سبب مانعتر از ارتکابِ آن تکلفی که در بیانِ چیزهایِ عادی و متعارفی بصورت مُطَنطَن و غریب بر خود هموار می‌کنند نیست. لطایفِ سخن را هیچ‌چیز بیش از این ضایع و محو نمی‌سازد و نویسنده را هم بجای اینکه نوشته‌اش را بدیع و مستحسن شمارند، بالعکس، خوانندگان بر ارتکاب آنهمه زحمت کشیدنهایِ او مرحمت میآورند که بیچاره بسی معطل گشته و وقت بسیار فوت نموده و پس از آنهمه مشقت و زحمت آخر چیزی را گفته که همه مردم آسان‌تر و خوب‌تر توانند گفت و این عمل است که اهلِ معانیِ بیان «خرط قتاد»[۱۰۴] نامند یا «اکل از قفا»[۱۰۵] و فارسیان «شکار خوک» تعبیر آوردند.

این عیب از کسانی ناشی است که اگرچه صاحبِ فضل و علمند، اما ذهنشان عقیم و ذوق و سلیقه‌ی ایشان غیرمستقیم است، الفاظ بسیار دانند اما تصرف در معانی نتوانند، عبارتی بافته و می‌پندارند که نقدِ الفاظ نموده‌اند و حال آنکه بجهتِ انحرافِ معانی بیچاره الفاظ را

---

[۱۰۳] در اینجا احتمال بمعنای «تحقیر و تصغیر کسی»، «کوچک کردن» و «مردود کردن» بکار رفته است.

[۱۰۴] در اصل: «قنات» یا «قتات».

[۱۰۵] معنای لغوی آن «لقمه را دور سر چرخاندن» است و در اینجا به معنای «کاری را از جز راه آن آغاز کردن و به زحمت افتادن» بکار رفته است. (آقاخان کرمانی این اصطلاح را در کتابِ «ان شاء الله ماشاء الله»اش نیز بکار برده است).

نیز فاسد و تباه ساخته‌اند. این نویسندگان روحِ بیان در دستشان نیست، بلکه شبحِ بیان را دارند. قوالبِ ثقیلهٔ الفاظ را باید ارواحِ لطیفهٔ معانی خفیف و متحرک نماید، نه اینکه مانند نقش بر دیوارِ حَجَری مُصَمَّت[۱۰۶] بماند، و یا چون صخرهٔ جنی پیکری غیرمتناسب بغلظت و کثافت سرشته باشد. لاجرم ازبرای سوقِ کلام باید سراپایِ موضوع را احاطه و استقرا نمود و بقدریکه ترتیبِ خیالات خود را روشن بتوان دیدن و بقالبِ تسلسل و توالیِ دائمی که هر نقطه‌اش مظهرِ خیالی باشد بتوان[۱۰۷] ریختنِ معانی و صورِ فکریه را در هیئتی مرتب آورد. و همینکه قلم بدست گرفته شد باید پیوسته این نکتهٔ اولیه را از دست فرونگذاشت و از این مَسطَر[۱۰۸] نباید بیرون رفت و اَزِمَّهٔ[۱۰۹] بَراعَت[۱۱۰] را مالک باید بود بی آنکه رخصتِ انصراف از طریق باو داده شود و بی آنکه با عدمِ استوائیْ بسیار بر او استناد و اعتماد کنند و مِیدانی زیاده از آنکه میتواند قطع کند باو واگذارند تا کلام مرزن شود. رزانتِ کلام عبارت از این است، و این است که سخن را مُمَهَّد[۱۱۱] و سهل مینماید و عنانِ تندی و تیزی خِنگِ[۱۱۲] فرهنگ را می‌گیرد و لگامِ توسنِ سرکش قریحهٔ سمندرِ

---

[۱۰۶] یعنی: «خاموش».

[۱۰۷] در اصل: «توان».

[۱۰۸] در اینجا احتمالا بمعنای «خطکشی» بکار رفته است.

[۱۰۹] جمع «زمام»، و بمعنای «افسارها» است.

[۱۱۰] در اینجا احتمالا بمعنای «برتری» و «پاک بودن» بکار رفته است.

[۱۱۱] یعنی: «گسترده شده»، «آماده»، «آسان کرده»، «مهیا».

[۱۱۲] در اینجا بمعنای «اسب» است.

صریحه را نگاه میدارد. تنها همین معنی برای انجاز و بساطت و روشنی [و] جانداری و روانیِ کلام کفایت میکند.

«تنسیقاتِ کلام»[۱۱۳]

بدان[۱۱۴] قاعدهٔ کلیه، که سرمشقِ قریحه است، اگر لطافت و سلیقه افزوده شود و اگر در اختیارِ تعبیراتِ وقت و در ایرادِ معانی یا اصطلاحاتِ خاصهٔ متعارفه دقت و رویت هم علاوه گردد، کلامْ خالص و پاک و با نَباهت[۱۱۵] می‌شود، و اگر از همان برداشت و ابتدایْ طرزِ افاده از چیزهائی که محضِ رونق و طمطراق است اجتناب و احتراز کنند و از ابهام و استهزا خودداری نمایند کلام متین و رزین میگردد. (باقی دارد).

«بقیه از مقالهٔ فنِ گفتن و نوشتن» [۶]

خلاصه، اگر بهمان نحو که تصور کرده‌اند، بهمان نحو هم بنویسند و در تفهیمِ آنچه میخواهند بفهمانند، مطمئن باشند این اطمینان، فی‌حدذاته،[۱۱۶] از آنجاییکه بحالِ دیگران مناسب است و کلامِ حقیقی هم عبارت از آن است، موجبِ تمامیِ تأثیر و غایاتِ ثمرات آن میشود؛

---

[۱۱۳] یعنی: «آراستگی‌های کلام».

[۱۱۴] در اصل: «بدن».

[۱۱۵] یعنی: «خوشنامی»، «بزرگواری».

[۱۱۶] یعنی: «به خودی خود».

بشرطیکه این اطمینانِ ذاتی را با شوری مفرط و مبالغه‌ناک ایراد نکنند و در هرجا طرفِ حجاب را باعتماد و طرفِ معقولیت را بحدتْ غالب سازند. قواعد جای قریحه را نمیگیرد. اگر قریحه ناقص است، قواعد بجایی نمی‌رسد و بکاری برنمی‌خورد. خوب اندیشیدن و خوب دریافتن و خوب ادا کردن همه با یکدیگر است، تصور و تصدیق و حکم همه‌جا با هم میآید، و عقل و ناطقه و سلیقه داشتن همه از روی هم برمیخیزد. کلامِ تمام عبارتست از تجمع و تَدَرُّبِ[۱۱۷] همهٔ قوای معنوی با یکدگر. تصورات تنها اساسِ کلام را مؤسس میکند. تطابق و توافقِ الفاظ تنها توابع آن است و موقوفست بدریافتنِ آلاتِ نطق.

«حسنِ اقتباس»

برای اجتناب از رَکاکَت[۱۱۸] و تنافر، اندکی سامعه کافی است و اعتیاد و استکمالِ آن بواسطهٔ تَتَبُّع[۱۱۹] و تَصَفُّحِ[۱۲۰] دواوینِ[۱۲۱] شعرا و مُصَنَّفات و مُدَوَّناتِ خطبا برای کسبِ اقتدارِ تقلیدِ طرز و اسلوبِ نظم و نثرنویسان کفایت میکند. پس ازین قرار هرگز تقلید بخودی خود چیزی ایجاد

---

۱۱۷ یعنی: «ورزیدگی»، «خو گرفتن».

۱۱۸ یعنی: «سستی»، «سُست رأیی».

۱۱۹ یعنی: «جستجو»، «تحقیق».

۱۲۰ یعنی: «چیزی را به دقت نگریستن»، «کتابی را صفحه به صفحه و به دقت مطالعه کردن».

۱۲۱ جمعِ «دیوان» است.

نکرده، همچنین مطابقت و موافقتِ الفاظ نه اساسِ کلام و نه طرزِ افادهٔ آن است و این معنی اغلب در کلامی یافت می‌شود که از معانی خالی است. افادهٔ معانی همان موافقتِ کلامست با ذاتِ موضوع و مطابقت آن با مقتضایِ حال. افادهٔ کلام هرگز از رویِ تکلف و تعسف نباید بود، خود بنفسه از اساسِ مطلب متولد میشود و بنقطه‌ای[۱۲۲] که مقصودِ بالذات است می‌پیوندد. اگر آنرا در همان درجه محافظت کنند،[۱۲۳] ذهنِ متکلم آنقدر مواد بتواند تدارک کرد که بهرچیزی پرتوی و فروغی قوی بدهد، اگر بفصاحتِ ذاتی پیرایهٔ صنایع و بدایع هم میتوانند[۱۲۴] بست، و اگر بتوانند معانی را با صورتی سخت و پایانی خوش ادا کنند[۱۲۵] و از هر نتیجه معانیِ مُتَطابِق و مُتَوافِق و جاندار ترسیم نمایند، طرزِ افادهْ عالی و جامع میشود و شأنِ کلام ارتفاعِ تمام می‌پذیرد.

معانی و مضامین را بعینه از جایِ دیگر اقتباس نمی‌توان کرد و الفاظ و عبارات را از جایی بجایی بدونِ تغییر نقل نمی‌توان نمود. چیزی که هست الفاظ و عباراتِ دیگران متکلم را مستعد میکند از برای تصاویرِ لطایف و مجاملاتِ عادیه و از نظر کردن بِالفاظ و معانیِ دانشمندان. ذهنِ رقیق پاره‌ای[۱۲۶] مواد برایِ خود تدارک میکند که آنها را در محلِ خود بهیأتی مناسب و تمام ایراد میتواند کرد. خاصه که این معانی با

---

[۱۲۲] در اصل: «نقطهٔ».

[۱۲۳] در اصل: «کنان».

[۱۲۴] در اصل: «میتواند».

[۱۲۵] در اصل: «کند».

[۱۲۶] در اصل: «پارهٔ».

مقصودِ بالذاتِ او مناسبتی داشته باشند. و اما معانیِ بدیعه از خاطر و طبعِ متکلم اشراق[۱۲۷] می‌کند، بدونِ استناد بالفاظ و عباراتِ احدی. و قبل از آنکه آن معانیِ مخترعه عرضهٔ تداول و دستخوشِ محافلِ خردمندان بشود چندان رَشاقَت[۱۲۸] و لطفی از آنها بخودی خود ظاهر نمی‌گردد و در نظرِ خواننده بسیار بعیدُالذهن و عسیرالفهم[۱۲۹] می‌نمایند.

«بقاء تألیف»

آنچه دست بدست میگردد و نسل بنسل پایدار میماند، همان تألیفاتی است که مطابقِ حقیقت و واقع نوشته شده؛ کثرتِ معلومات و غرابتِ وقایع و تازگیِ اکتشافات هم ضامنِ بقا و جاویدیِ تألیف نمیتواند شد. اگر تألیفی که متضمن اینهاست تنها با چیزهایِ جزئی در آن اشتغال کرده باشند و اگر بی‌سلیقه و رکیک و بی‌روح نوشته شده باشد آن تألیف از میان میرود، چراکه معلومات و وقایع و اکتشافات خودبخود برداشته و نقل می‌شود و سهل است که بچیره‌دستیِ دیگریْ صورتِ خوشتر و بهتر می‌پذیرد. این مطالب از ذاتِ انسانی خارج است، کلامْ خود ذاتِ انسانی است. پس کلام خود نه برداشته میشود نه نقل و

---

[۱۲۷] یعنی: «درخشیدن و روشن شدن».

[۱۲۸] معنای لغویِ آن «خوش قد و بالایی»، «باریک اندامی و نیکوقدی» است، و در اینجا بمعنای «زیبایی» بکار رفته است.

[۱۲۹] یعنی: «دشوار فهم».

تحریف می‌گردد. و اگر کلام عالی و پاک باشد متکلم نیز همیشه محلِ حیرت و اِستِحسان[130] خواهد بود. (باقی دارد).

«بقیه از مقالهٔ گفتن و نوشتن» [۷]

بنابراین، کلام زیبا، کلامِ زیبا نیست، مگر بواسطهٔ حقایقِ بیشماری که افاده می‌کند، و آن حقایق اگر از قبیلِ معانیِ عالیه باشد که مجرد از ماده حرکت می‌کند آن کلام مافوقِ طبیعت است، و متکلم مادام که در صقعی شریف سایر[131] نباشد از ادای آن گونه کلام عاجز و قاصر است، هرچند که بحسبِ فرهنگ و ادبیات اولین شخص شمرده شود.

ولی هرگاه قدم در عرصهٔ فوق‌الطبیعه نهاده باشد، اگرچه بالمره[132] عاری از فنونِ ادبیات بود، مقتدر بر تأدیهٔ آن‌گونه معانی و حقایق تواند شد که زبان از بسیاریِ دل تکلم میکند. و هرچند کلامش بطرزی ساده و سدید[133] عاری از حلهٔ صناعات[134] مینماید، اما همهٔ محسناتِ معنویه در او گنجیده است و همه‌ی مناسباتی که کلامِ حقیقی از آنها مرکب است، هریک، فی‌حدذاته، حقیقتی بهمان‌سان افاده میکند. و این اسلوبِ کلام منحصر بفیلسوفانِ عصر و حکمایِ بزرگوار است که از قوهٔ مافوقِ

---

[130] یعنی: «نیکو شمردن»، «پسندیدن».

[131] یعنی: «رونده»، «جاری»، «روان».

[132] در اینجا بمعنای «تماما»، «پاک»، «از همه جهت» بکار رفته است.

[133] یعنی: «استوار».

[134] منظور از «حله‌ی صناعات»، «آرایش‌های ادبی» است.

طبایع سخن میگویند و کلماتِ آنان پر است از حقایقی که میتواند موضوعِ بحثِ صاحبِ هر فن و صناعت واقع شود.

لهذا اغلبِ اوقات چنین اتفاق میافتد که ظاهرِ الفاظ و عباراتِ ایشان بی‌تکلفانه ادا شده و از بعضی زوایدِ ادبیه مجرد است، اما در قوت و متانت بحدی عالی و جامع است که سراسر از مطالبِ عالیه مشحون و مملو می‌باشد. پس این معنی مسلم و بدیهی است که عُلُوِّ هر کلام بپایهٔ بلندی موضوعِ آن تواند بود، و کلام عالی و جامع نمیتواند شد، مگر در مطالب بزرگ. موضوع شعر و تاریخ و طبیعت را موضوع یکی است، و موضوعی است بزرگ، یعنی انسان و طبیعت. حکمت، طبیعت را تعریف و ترسیم، و شعر تزیین و توصیف آن مینماید، انسان را نیز توصیف میکند، بزرگ مینماید، و مبالغه و اطراء[۱۳۵] در حقِ او میکند، و پهلوانان و اربابِ انواع از انسان می‌سازد. تاریخ تنها انسان را تصویر و مِنْ‌حَیثُ‌هُوَ[۱۳۶] تعریف میکند، بنابراین افادهٔ مؤرخ وقتی میتواند عالی و جامع بُوَد که توصیفِ مردمانِ بزرگ کند و کارهایِ عمده و وقایعِ مهمه و انقلاباتِ عظیمه را بیان نماید. در سایرِ مواضع همه‌جا فی‌الجمله مَتانَت و مَهابَت آن کافی است.

کلامِ حکیم می‌تواند عالی و جامع باشد، وقتی که مَشحون بود بقانونِ طبیعت و مطلقِ وجود و فضایِ لایتناهی، و ماده و هیولا، و ذراتِ اکوان و حقایقِ عالمِ اِمکان، و حرکاتِ مقولات و متعلقاتِ زمان و مکان، و

---

[۱۳۵] یعنی: «مبالغه کردن در ستایش و مدح»، «سخت ستودن».

[۱۳۶] یعنی: «همانگونه که هست».

جواهرِ مجرده چون روح و نفسِ انسانی، و مشاعر و مدارک، و در سایرِ مواضع همین‌قدر که از رکاکت خالی و بنفسه عالی باشد کافی است.

ولی کلامِ خطیب و شاعر همینکه مطلب اهمیت پیدا کند بدونِ مراعاتِ نکاتِ ادبیه و مضامینِ لطیفه نمی‌تواند عالی و جامع باشد، چراکه در دستِ آنهاست که ببزرگیِ موضوعِ خودْ بدایع و صنایع و استعارات و کنایات و تلمیحات و تلویحات بقدری که دلشان خواهد بیفزایند. و با لزومِ تعریف و اِستِعظام[۱۳۷] مورد در هرجا باید منتهایِ قوت و قدرت را بکار برده، همه ی جُودَتِ قریحه و هنر را بازنمایند.

«صناعاتِ خمس»

چون کلامْ مؤلف باشد از بدیهیات، و اجزایِ مُقارِناتِ کلام عبارت باشند از چیزهایی که بذاته واضح و آشکار بُوَند، آن‌گونه کلام را «برهانی» و خداوند او را «حکیم» نامند. و ناچار است که همه وقت اساسِ بیاناتِ خود را بر اولیات و بدیهیات گذارد، از قبیلِ فطریات و حسیات و مجربات، و خداوندِ این طرزِ افادهْ همیشه باید از اغراقات و اطرآءات و مضامینِ دلفریب و الفاظِ با رنگ و زیب احتراز و اجتناب نماید. و هرگاه اجزاء تألیف عبارت باشد از چیزهایِ غالب‌الوقوع و مرجح‌الوجود و کلماتِ عادیهٔ رایج‌المعامله که همیشه طرفِ اِستِحسان و مقبول بین‌الناس است، مانند نصایح و مواعظ و بعضی تحریکات و

---

[۱۳۷] یعنی: «بزرگ شمردن».

انبعاثات و تشویقاتِ نطقیه، آن کلام را «خِطابه» و خداوند او را «خَطیب» نامند. (باقی دارد).

«بقیه از مقالهٔ گفتن و نوشتن» [۸]

و هرگاه کلامْ مؤلف بود از اِستِحسانات عقلیه و چیزهای مبالغه‌آمیز که در نشأهٔ عین صورتِ وقوع ندارد، اما به ترتیب و نسبتی تألیف شده که طبیعت از شنیدن و تصور آنها مَشعوف[۱۳۸] و مُتَلَذِّذ[۱۳۹] میشود، آنگونه سخن را «شعر» و صاحب آن را «شاعر» خوانند. و اغلب چنین عادت جاری شده که وزن و قافیه را اسبابِ رواجِ قیاساتِ شعریه قرار داده‌اند، ولی این مطلب کلیّت ندارد، بسا هست مادهٔ سخن شعری است ولی صورتِ او منظوم نیست، بلکه بطریقِ نثر ادا شده، و همچنین ممکن است کلام صورتاً منظوم ولی مطالبِ آن شعری نباشد که «إِنَّ مِنَ الشِّعْرِ لَحِكْمَةً».[۱۴۰] و این یکی را نیز باید علاوهٔ مقال نمود که مادهٔ شعری از یکطرف باید خلافِ واقع و مقرونِ باغراقات و مبالغات باشد، و از طرف دیگر باید باصلِ مطلوب حسنِ مناسبت و مشابهت بوجهی پیدا کند تا سبب اِستِحسانِ عقل و هیجانِ خاطر گردد، و هرچه با مراعاتِ این نکته باطراءات و مبالغاتِ بیشتر آمیخته بشود حیرت‌انگیزی و

---

۱۳۸ یعنی: «شیفته»، «خوشحال».

۱۳۹ یعنی: «لذت برنده».

۱۴۰ یعنی: «حقیقتاً بعضی از اشعار خودْ حکمت است.»

رنگ‌آمیزیش بیشتر خواهد بود و در انظار بیشتر طرفِ استحسان و مظهرِ حسنِ قبول واقع خواهد شد، چنانکه شیخ نظامی گوید: «در شعر مپیچ و در فن او / کز اکذب اوست احسن او».[۱۴۱]

و هرگاه اجزاء کلام عبارت باشد از مسلمیّات و مقبولاتِ طرفِ مقابل، اعم از اینکه مطابقِ واقع بُوَد یا نَبُوَد، آن گونه کلام را «جدل» و خداوند او را «مُشاغِب» و «جدلی» نامند. و این صناعت ازبرایِ الزام و اقناعِ خصم است بچیزهایی که خود مسلم دارد. ولی این مطلب را نیز باید دانست که مسلمیاتِ هر قوم در نزد قوم دیگر مسلم نیست و الا اختلافی میانِ امم در هیچ مسئله پیدا نمی‌شد.

و چون مادهٔ کلام شبیه بُوَد ببدیهیات یا مؤلَّف باشد از آنها، ولی در ترتیب خطائی واقع شده باشد، این صناعت را «سَفسَطِه» و صاحب او را «سوفِسطایی» خوانند، و سفسطه عبارت از همان مغالطه و جهلِ مرکب است که صورتاً مشابه برهان میباشد و در بادیِ نظر هیچ کس خطاء در ترتیب را ملتفت نگشته، چنین می‌پندارد که این کلام برهانی است. و غالباً صاحبانِ عقولِ قاصره در این چاه میافتند و آنان اربابِ جربزه میباشند. این است که همه وقت، سوفسطایی و فیلسوف، بیکدیگر مشتبه میشوند و بهترین نشانی ازبرایِ شناختن سوفسطائیان و جدا کردنِ ایشان را از فیلسوف آن است که سوفسطایی همه وقت با وجودِ حدتِ قوهٔ نظریه صاحبِ حسِ عمیق و نظرِ ثاقب نیست و هیچ

[۱۴۱] از نظامی گنجوی است، و در «لیلی و مجنون»اش آمده است. در نسخه‌ی یادشده‌ی وحید دستگردی در پیشگفتار، به جای «کز» «چون» آمده است.

مطلب را بالاطراف و سراپا احاطه نمیتواند نمود و نفوذِ کلمات او همه‌وقت مانند دستهٔ سوزنی است که بجایی یکدفعه بزنند، لاجرم تا حدی معین و محدود بیشتر نفوذ نمی‌تواند کرد، و همیشه قوهٔ نظریه‌اش رویِ سطحیات جولان می‌کند و کلماتش بطرفِ مقصود میخورد نه بأَصلِ مقصود.

و خداوندِ برهان همه‌جا بعکس و ضد او حرکت میکند و بجایِ نظرِ سطحیِ قاصرْ نظرِ طولانیِ عمیق استعمال می‌نماید و نفوذِ کلامِ او در خاطرْ مانند مسماریِ آهنین است که تا بقعر فروکوفته شود. و چون در پیشِ نظرِ کوتاهِ سوفسطاییْ ترتیباتش بسرحدِ یقین رسیده، لهذا او را «خداوندِ جهلِ مرکب» خوانند که بجهل خود نیز جاهل است و چنین می‌پندارد که بحقیقتِ مطلب پی‌برده و جز آوازِ خود صدایی در گوشش عکس انداز نمی‌شود و ابدالدّهر درین جهالت و ظلمت خواهد ماند، چراکه شاعر[142] بجهلِ خود نیست و او چون مریضی است که از شدتِ مرضْ دردِ خود را احساس نمی‌کند و خود را صحیح و تن‌درست می‌پندارد.

و در این موقع افاده میکنیم که تواریخ هرگاه بتواتر ثابت باشد، داخل در صناعتِ برهان است، ولی افسانه‌هایِ دروغ و اساطیرِ بیفروغ را از فنِ تاریخ نمی‌توان محسوب داشت، بلکه نوعی از شعریات‌اند و از قبیل امثال، و حکایاتی که ازبرای قوتِ نصایح و مواعظ می‌آورند از فنِ خطابه محسوب است که همه وقت حکیم بطرف راجح می‌کند. و

---

[142] در اینجا بمعنای «آگاه» بکار رفته است.

سخنانِ غیرمطابقِ با واقع اگر در نزدِ قومی مسلم و مقبول باشد از قبیل جدل است، و هرگاه هیچ طایفه معتقد بصحت آنها نَبُوَد شعریات است.

و اما مغالطه، دایم‌الاوقات شبیه ببرهان است و همیشه در آن لباس خود را جلوه‌گر می‌نماید و هیچ مناسبتی میانِ مغالطه با اقسامِ دیگر از صناعاتِ پنجگانه نیست و وجه مشابهتی با آنها ندارد. و متکلم باید در بادیِ نظر هریک از این صناعاتِ پنجگانه را تمییز دهد و بشناسد که این سخن داخل در چه صناعت است. و همچنین برایِ متکلم لازم است چیزهایِ دیگر در مقارناتِ سخن و تشکیلاتِ قیاسات چارگانه بداند که در هر جمله و عبارت بسیار بآنها محتاج می‌شود. و همچنین اجزاء کلام را از حد و رسم و کلی و جزئی و ایجاب و سلب و عموم و خصوص، و موادِ قضایا را از لزوم و امکان از یکدگر بازشناسد تا معادلاتِ عناصرِ ترکیبیهٔ هر سخن و طریقِ تألیف را بداند تا از رویِ بصیرت در میدانِ سخن گام برداشته باشد. (باقی دارد).

«بقیه از مقالهٔ گفتن و نوشتن» [۹]

لاجرم اولین شرطْ خواه در محاوره و تکلم، و خواه در مخابره و ترسل، جستنِ مضمونیست که در صددِ بیان آن می‌باشند و این معنی در موادی یافت می‌شود که با متخیله می‌اندیشد و با حافظه فرامی‌گیرد، چه انشایِ

کلام یا از رویِ ارتجال است یا از رویِ رویت. ارتجال آن بود که متکلم بی اندیشه و تفکرْ بیانِ مرام کند و انشاء[۱۴۳] کلام، چنانکه انوری گفته:

برداشت کلک و دفتر و فرفر فرونوشت
فی‌الفور این قصیدهٔ مطبوع آبدار[۱۴۴]

و از رویِ رویت آن است که بیانِ کلام را از رویِ ترتیباتِ منطق و انتظامِ صورِ فکریه نماید، ولی اکثریاً سخن با اندیشه گفته می‌شود، و ازین سبب مؤلفینِ مشهور در بابِ رویت اهتمام بسیار دارند و گفته‌اند که رویت راهِ ذهن را می‌گشاید و بر وسعتِ عقل می‌افزاید، و طریقِ رویت آن است که مطلبی را که در صددِ بیان باشند نیک اندیشیده آن را از مطالبِ دیگر جدا سازند و از آنچه مخلِ آن تواند بود پاک نمایند، آنگاه بهر صورت و قالبی خواهند بریزند و تمامِ متعلقات آن را بدان پیوندند، و آنچه مایهٔ بسط و تفصیل در ذهن است مهیا دارند، بنوعی که چیزی دیگر جز بیانِ آن باقی نماند.

و مناسبات و متعلقاتِ مقصود را بنحوی باید بدان افزود که سببِ تکمیل شود نه موجبِ تطویل، و حشو و زواید را از میانِ سخن بردارند، ولی باید ملتفت بود که ابهام بر آن عارض نشود و مقصودِ اصلی با

---

۱۴۳ در اصل: «انشاد».

۱۴۴ از انوری ست، و در قصائدش آمده است.

مقاصدِ متناسبه[۱۴۵] بدونِ شرح و بسطِ زیاد ادا گردد و مطلقاً سخن باید از اطنابِ مُمِل[۱۴۶] و ایجازِ مُخِل[۳][۱۴۷] ساده و عاری باشد.

و باید دانست که معنایِ متحد و مستقل بسیار کم یافت می‌شود، زیرا که هر معنی عطف بر معنیِ دیگر است و معنی معطوف علیه را چون در ذهن تصور نمایند[۱۴۸] است، دیگر را مستدعی است، که گویا خفته بودند حالا بیدار می‌شوند، و همچنین «الکَلامُ یَجُرُّ الکَلامَ»[۱۴۹] تا نهایت بدین طریق است، و چون در معنیِ مقصود تأمل نمایند معانیِ ثانویهٔ چند بخاطر میرسد که با هیأت مجموعهٔ خود معنیِ نخستین را روشن‌تر توانند ساخت و تناسبِ سلسلهٔ معانی بجز ترصین و زیادتیِ سلاستِ کلام خاصیتی دیگر ندارند.

«سخنِ منظوم»

ماهیتِ شعر چنانکه گفته‌شد ایرادِ معانی چند است که شاعر از عرصهٔ ابداع و اختراعِ قریحتِ خود خارج نموده، بطوریکه سامع را در

---

[۱۴۵] در اصل: «تناسبه».

[۱۴۶] یعنی: «ملال آور»، «خسته کننده».

[۱۴۷] یعنی: «اخلال کننده».

[۱۴۸] پس از «نمایند» واژه‌ای آمده که چون جوهر بروی آن ریخته ناخواناست.

[۱۴۹] یعنی: «سخن، سخن را به دنبال می‌آورد».

دَهَشت[150] اندازد و اِستِطراف[151] آن مسامع را مظهرِ طرب سازد و قلب و گوش را مشترکاً بهیجانِ آورد. اما ادوات شعرْ کلماتِ صحیح و الفاظِ عَذب[152] و عباراتِ بلیغ و معانیِ لطیف است که چون در قالبِ اوزان مقبول ریزند و در سِلکِ ابیاتِ مطبوع کشند آنرا شعرِ نیکو خوانند، و تمامیِ این صناعت جز بإستِکمالِ آلات و کالایِ آن دست ندهد، چنانکه کمالِ شخصْ بی سلامتِ اعضا و ابعاضِ[153] آن صورت نه‌بندد، شاعر نیز باید بر مفرداتِ سخن وقوف یابد و اقسامِ ترکیباتِ صحیح و فاسد آن را بازشناسد و مذاهبِ شعراء مُفلِق[154] و امراء کلام را در تأسیسِ مبانیِ شعر و سلوک مَناهِجِ نظم بداند[155] و سنت و طریقتِ ایشان را در نعوت[156] و صفات و درجاتِ مخاطبات و فنونِ تعریضات و تصریحات و قوانینِ تشبیهات و تجنیسات و قواعدِ مطابقات و مغالطات و وجودِ مَجازات و استعارات و سایرِ مصنوعاتِ کلام بداند. و بر طرفی از حِکَم و امثال و شطری از تواریخ و احوال ملوکِ مقدم و حکماء سالف واقف گردد، و معانیِ لطیف از ضعیف فرق کند و بر حسنِ مطلع و لطفِ مقطعِ هر شعری مطّلع شود تا هر معنی را در کسوتِ عبارتی لایق بر

---

[150] یعنی: «حیرت»، «شگفتی».

[151] یعنی: «نو شمردن».

[152] یعنی: «خوش»، «شیرین»، «گوارا».

[153] در اینجا بمعنای «اجزاء» بکار رفته است.

[154] یعنی: «آنکه شعر نیکو گوید»، «شاعر سخن شگفت و عجیب آورنده».

[155] «بداند» در اینجا بمعنای «بشناسد» بکار رفته است.

[156] جمعِ «نَعت»، و بمعنای «ستایش» و «صفت» است.

منصهٔ نظم نشاند، و در شرطِ سخن از معانیِ سرد و تشبیهاتِ کاذب و اشاراتِ مجهول و ایماءاتِ مشکل و ابهاماتِ ناخوش و تجنیساتِ مکرر و اوصافِ غریب و استعاراتِ بعید و مجازاتِ نادرست و تکلفاتِ ثقیل و تقدیم و تأخیراتِ نادلپسند مجتنب باشد و در همه‌یِ ابواب از قدرِ حاجت بطرفِ افراط و تفریط بیرون نرود و از «ما لابد»[157] نکاهد و در «ما لایعنی»[158] نفزاید و پیش از شروع در شعر مختصری از عروض و قوافی برخواند تا بر بحورِ قدیم و حدیث واقف شود، و اوزانِ خوش و ناخوش را فرق نماید و یجوز از لایجوز [تشخیص دهد و] اراجیف بداند، و صحیحِ ابیات از سقیم بازشناسد، و قوافیِ اصلی از معمول تمییز کند، و سرمایهٔ نیک از گفته‌هایِ مطبوع و مصنوعِ استادان بدست آرد و از اشعارِ مستعذب و مستحسن در فنونِ مختلف و انواعِ متفرقْ طَرَفیِ[159] تمام یاد گیرد. و با مطالعه و مذاکره و یا بحث و استقرا بر دقایق و حقایقِ مصنوعات آن مطلع گردد تا آن معانی در دلِ او رسوخ یابد و آن الفاظ در ذهنش قرار گیرد، و آن عبارات ملکهٔ زبانِ او شود و مجموعِ آن مادهٔ طبع و مایهٔ خاطرِ او گردد. پس چون قریحتِ او در کار آید، فواید آن اشعار روی نماید و نتایجِ آن محفوظات پدید آید، آنگاه شعرش چون چشمه‌ای[160] زلال باشد که مدد از رودهایِ بزرگ و جویهایِ عمیق دارد. (باقی دارد).

---

[157] یعنی: «آنچه ضروری است».

[158] یعنی: «آنچه مهم نیست».

[159] در اینجا بمعنای «بهره» بکار رفته است.

[160] در اصل: «چشمه».

«بقیه از مقاله گفتن و نوشتن» [۱۰]

و چون ابتدای شعری کند و آغاز نظمی نهد، نخست، نثرِ آن را در پیشِ خاطر آرد و معانیِ آن را بر صحیفهٔ دل نگارد و الفاظی لایقِ آن معانی ترتیب دهد و وزنی موافقِ آن اختیار کند و از قوافیْ آنچه متمکن گردد و خاطر بدان مسامحت کند بر ورقی نویسد و هرچه از آن اسهل و درست باشد و در آن وزن بگنجد انتخاب کند و معمول و شایگان را بدان راه ندهد و معروف بجایِ مجهول ننهد و در نظمِ ابیات بسیاقتِ سخن و ترتیبِ معانی التفات ننماید تا جملهٔ مقصود را بر سبیل مُسَوَّدِه[۱۶۱] تعلیق زند و «کَیفَ ما اتَّفَق»[۱۶۲] بگوید و بنویسد.

و اگر اتفاق افتد که قافیتی در معنی بکار برده باشد و به بیتی مشغول کرده، بعد از آن معنی بهتر روی نماید و بیتی از آن اعذب دست دهد و آن قافیت درین بیت بهتر متمکن آید، نقل کند، پس اگر بیتِ اول حاجت باشد آن را قافیتی دیگر طلبد وگرنه ترک آن آرد، و اگر ابیات بسیار باشد و معانی تمام گشت، جمله را «مرة بعد اخری»[۱۶۳] از سرِ ایقان بازخواند و در نقد و تنقیحِ آن مبالغت نماید و میانِ ابیات تنسیق و تلفیق کند و هریک را بموضع خویش بازبرد و تقدیم و تأخیرِ آن زایل گرداند تا معانی از یکدگر گسسته نشود و ابیات از یکدگر بیگانه ننماید و بهمه وجوه

---

[۱۶۱] یعنی: «پیش نویس»

[۱۶۲] یعنی: «هر جور که پیش آید».

[۱۶۳] یعنی: «پیاپی».

توافقِ ابیات و مصاریع و تطابقِ الفاظ و معانی لازم دارد. چه بسیار باشد که دو مصراع یا دو بیت از یکدگر از راهِ معنی متناسب نیاید و بدان سبب رونقِ شعر باطل گردد و معانی را چنان باید بیکدگر ربط داد که تغییر آن ممکن نباشد، چنانکه سعدی کرده. همچنین باید که در الفاظ و معانیِ هر بیت دقایقِ تأنّق بجای آرد تا اگر لفظی رکیک افتد عذبی بجای آن بنهد و اگر معنی قاصر یابد تمام کند و در این باب چون نقاشِ چیره‌دست باشد که در تقاسیمِ نقوش و تداویر شاخ و برگهای هر گُلی بر طرفی نشاند و هر شاخ بسوئی بیرون برد و در رنگ‌آمیزی و صَبغ[۱۶۴] بجایْ خرج کند و هر رنگ بگلی دهد؛ آنجا که رنگِ سیر لایق آید نیمسیر صرف نکند، و آنجا که صبغِ روشن باید تاریک بکار نبرد، و چونان استادِ جوهری باشد که بحسبِ تألیف و تناسبِ ترکیب بر رونقِ عقدِ خویش بیفزاید و بتفاوتِ تلفیق و بی‌ترتیبیِ نظم آبِ مروارید خویش نبرد.

و باید که در افانینِ سخن و اسالیبِ شعر و طرزِ ادا و تشبیه بر سر هر ماده که سخن گوید چون نسیب و تشبیب، و مدح و ذم، و آفرین و نفرین، و تهجین و تحسین، و شُکر و شکایت، و قصه و حکایت، و سؤال و جواب، و عتاب و اِستِرهاب، و تمنی و تواضع، و تأنی و تسامح، و ذکرِ دیار و رسوم، و وصفِ آسمان و نجوم، و صفتِ ازهار

[۱۶۴] یعنی: «رنگ».

و انهار، و شرحِ ریاح[۱۶۵] و اَمطار،[۱۶۶] و تشبیهِ لیل و نهار، و نعتِ اسب و سلاح، و حکایتِ جنگ و مصاف، و فنِ تهادی و تعادی از طریقِ افاضلِ شعرا و اشاعرِ فضلا عدول ننماید و در نقل از معنی بمعنی و تحویل از فنی بفنی، خروجی لطیف و شروعی مستحسن واجب داند. و در رعایتِ درجاتِ مخاطبات و وجوهِ مدایح باقصی الامکان بکوشد، ملوک و سلاطین را باِوصاف و خصایصِ پادشاهانه ستاید، و وزرا و امرا را باِوایدِ شمشیر و قلم و طبل و علم مدح کند، و سادات و علما را بِشرافتِ حَسَب و طهارتِ نَسَب و وفورِ فضل و غَزارَتِ[۱۶۷] علم و نَزاهَتِ[۱۶۸] عِرض[۱۶۹] و نَباهَتِ قدر[۱۷۰] وصف دهد. و زُهاد[۱۷۱] و عُبّاد[۱۷۲] را به اِنابَت[۱۷۳] و توجه بحضرتِ عزت و اِستِجابتِ دعوت و تَجَرُّد[۱۷۴] از علایق نَعت نماید. اَوساطِ ناس[۱۷۵] را بمراتبِ نازلِ عوام فرود نیارد و عوام را بسیار از سایه و پایهٔ خویش برنگذارند، و بزرگان را بمراتب

---

۱۶۵ یعنی: «بادها».

۱۶۶ یعنی: «بارانها».

۱۶۷ یعنی: «فراوانی»، «بسیاری».

۱۶۸ یعنی: «بی‌گناهی»، «پاکدامنی».

۱۶۹ احتمالا در اینجا بمعنای «آبرو» یا «شخصیت» بکار رفته است.

۱۷۰ «نَباهَت» بمعنای «نجابت» و «بزرگواری» است، و «قدر» در اینجا احتمالا بمعنای «مقام» و «ارج» بکار رفته است.

۱۷۱ جمعِ «زاهد»، و بمعنای «پارسایان» است.

۱۷۲ جمعِ «عبد»، و بمعنای «بندگان» است.

۱۷۳ یعنی: «بازگشتن بسوی خدا»، «توبه کردن»، «بازگشتن».

۱۷۴ در اینجا در معنای «دوری جستن» بکار رفته است.

۱۷۵ یعنی: «طبقه‌ی متوسط»، «میانه‌ها».

و درجاتِ وسطی نستاید. خطاب هریک فراخورِ منصب و لایقِ مرتبتِ او کند و هر معنی را در زیِّ لفظی مطابق و لباسی موافق برون آرد؛ چه کسوتِ عبارات متعدد است و صورِ معانی مختلف، همچنانکه زنِ صاحبجمال در بعضی ملابس خوبتر نماید و کنیزک بیش بها در بعضی معارض خریدارگیرتر آید و هر معنی را الفاظی بود که در قالبِ آن مقبول‌تر افتد و در این باب نظم و نثر یکسان است. (باقی دارد).

«بقیه از مقالهٔ فنِ گفتن و نوشتن» [۱۱]

شمس قیس گوید در این زمان هیچ صنعت از شعر مُستَخِف‌تر و هیچ حِرفَت از شاعری مبتذل‌تر نیست؛ چه هرکس که بینی بی هیچ مُمارَسَت[۱۷۶] و تَدَرُّب بهیچ فنی شروع[۱۷۷] نکند و بدون مهارت هیچ پیشه‌ای[۱۷۸] پیش نگیرد الا شاعری که هرکس موزون از ناموزون بشناخت و قصیده‌ای[۱۷۹] چند کژ و مژ یادگرفت و از دو سه دیوان چند بیتی در مطالعه آورد فی‌الحال بشاعری سر بر میآورد و خود را بمجردِ نظمی عاری از تهذیب[۱۸۰] و تَعریبِ[۱۸۱] معانی شاعر می‌پندارد و در فنونِ نظم استادی

---

[۱۷۶] یعنی: «تمرین کردن»، «ورزیدن کاری به طور دائم».

[۱۷۷] در اصل: «شروغ».

[۱۷۸] در اصل: «پیشه».

[۱۷۹] در اصل: «قصیدهٔ».

[۱۸۰] یعنی: «پاکیزگی».

[۱۸۱] یعنی: «پاک کردن زبان از غلطگویی»، «پاک کردن سخن از خطا».

ماهر می‌شمارد، و با نطقی هرزه‌درا و نائی یافه‌سرا در محافلِ سور و سوگِ مردمان داخل گشته، در هر ماده خود را شریک و در هر واقعه خویشتن را سهیم میداند، و در اثنایِ هر محاوره رویی از خارا و جَبهَتی[۱۸۲] از سندان وام‌گرفته، در هر مجلس خود را متکلمِ وحده میخواهد و همه‌کس را بزورِ پیشانی و قوتِ شارلاتانی مجبور به تلقیِ اباطیل و تُرَّهاتِ[۱۸۳] خود می‌سازد. و چون جاهلی شیفتهٔ طبع و معتقدِ شعرِ خویشتن شده،[۱۸۴] بهیچ وجه او را از آن اعتقادِ مقدس باز نتوان آورد و عیبِ شعرِ او با وی تقریر نتوان کرد و حاصلِ ارشاد و نصیحتِ او جز آن نباشد که از گوینده برنجد و سخن او را بهانهٔ بخل و نشانهٔ حسد شمارد و گاه باشد که به بیهوده گفتن درآید و سقط و دشنام گوید. باید شاعر جهد کند تا نظم و نثرش با الفاظِ پاکیزه و معانیِ لطیف آراسته آید و زنهار به بیانِ تصورِ معانیِ بدیع در کسوتِ الفاظِ رکیک سر فرو نیارد و بنقوشِ عباراتِ بلیغ بر رویِ معانیِ واهی فریفته نشود، چه معنیِ بی عبارت هیچ طراوت و لطف ندارد و عباراتِ بی‌معنی بهیچ نشاید و هودهٔ سخنِ منظوم بالذات آن است که بر قوتِ معانی و شعشعهٔ الفاظ بیفزاید. و چون نفسِ ناطقه از عالمِ نظام و عرصهٔ انتظام هُبوط[۱۸۵] بعالمِ سُفلی[۱۸۶] نموده شنیدن و دیدنِ منتظمات مایهٔ اهتزاز و هیجان او میشود.

---

[۱۸۲] یعنی: «پیشانی».

[۱۸۳] یعنی: «سخنهای بیهوده و باطل».

[۱۸۴] در اصل: «شد».

[۱۸۵] یعنی: «فرودآمدن از بالا»، «نزول».

[۱۸۶] یعنی: «پست»، «پست تر».

اما ترتیب و انتظام، اولاً در معانی شرط است آنگاه در مبانی، و الا شعر گفتن چه ضرور! چنانچه شیخ محمود شبستری گوید:

چو ما از لفظ خود در تنگنائیم
چرا چیز دگر بر وی فزائیم

ابوالهذیل علاف[۱۸۷] چون سخنی و شعری بیمعنی شنیدی گفتی «هٰذا کَلامٌ فارِغٌ».[۱۸۸] از وی پرسیدند که «فارغ» چه معنی دارد، گفت الفاظْ اوعیهٔ معانی است و معانیْ امتعهٔ آنها؛[۱۸۹] پس هر سخن که معنی او لطیف نباشد و طباعِ اهلِ تمیز بر آن میل نکند، همچنان باشد که وعائی فارغ و خالی در وی متاعی نیست. و باید که بهیچ حال در اول وَهلَت[۱۹۰] برگفته و پرداختهٔ خویش اعتماد نکند و تا آن را مرة بعد اخری بر ناقدانِ سخن و ادیبانِ ماهر عرضه ندهد و خطا و صواب آن بطریقِ اِستِرشاد نشنود آن را بموقعِ عرضِ عام ننشاند. و چون صاحبِ هنری بمعرفتِ

---

[۱۸۷] منظور محمد بن الهذیل بن عبیدالله بن مکحول عبدی، معروف به ابوالهذیل علاف (حدود ۱۳۵ـ۲۲۷ هجری قمری / ۷۵۲ـ۸۴۱ میلادی) است که جزوِ متکلمان برجستهیِ معتزلی شمرده میشود و احتمالا اصالتی ایرانی داشته است. برای اطلاعات بیشتر بنگرید به مقالهای دربارهی او در «ایرانیکا»:
https://www.iranicaonline.org/articles/abul-hodayl-al-allaf-mohammad-b (Last access: March 2025).

[۱۸۸] یعنی: «این سخن پوچ است».

[۱۸۹] یعنی اینکه «الفاظ، ظرفهای معانی هستند و معانی، محتوای آن ظرفها».

[۱۹۰] «اول وَهلَت» بمعنای «بار نخست» بکار رفته است.

شعر شهرت گرفت بِامعانِ نظر و اِدمانِ فکر و نقدِ شعر محکوم علیه شد و بنزد نحاریرِ سخنوران مسلم آمد، سخنِ او را در رد و قبولِ هر لفظ و معنی که بگوید نصِ صریح شناسد و او را در آن باب مجتهدی مُصاب[۱۹۱] داند و بهرچه گوید از وی حجتی قاطع و علتی واضح نطلبد، چه بسیار چیزها بود که درکِ آن بذوقِ سلیم و سلیقهٔ مستقیم است و در حیز تقریر و عبارت نمی‌گنجد.

تو نمی‌بینی هلال از ضعف چشم
من همی‌بینم مکن بر من تو خشم[۱۹۲]

و باید دانست که نقدِ شعر و معرفتِ رکیک[۱۹۳] و رَصین[۱۹۴] و غَث[۱۹۵] و سَمینِ[۱۹۶] آن بشعرِ نیک گفتن تعلق ندارد؛ بسیار شاعر باشد که شعرْ نیکو گوید و نقدِ شعر چنانکه باید نتواند و بعکس.

و اینکه گویند نقدِ شعرْ شاعران مجید توانند کرد خطاست؛ چه نساج جامه‌هایِ مُتَقَوِّم بافد[۱۹۷] و نُقوشِ مختلف و شاخ و برگهایِ لطیف و

---

[۱۹۱] احتمالا در اینجا بمعنای «راست و درست به هدف رسیده» بکار رفته است.

[۱۹۲] شعر از مولوی ست، و در «مثنوی معنوی»، دفتر چهارم، بخش «جواب دهری کی منکر الوهیت است و عالم را قدیم می‌گوید» آمده است.

[۱۹۳] در اینجا بمعنای «سست» و متضاد «رصین» بکار رفته است.

[۱۹۴] یعنی: «محکم و استوار».

[۱۹۵] یعنی: «سخن تباه».

[۱۹۶] یعنی: «سخن استوار».

[۱۹۷] در اصل «با قدود».

گزارشهایِ[۱۹۸] دقیق و صورتهایِ شیرین در آن پدید آرد، اما قیمت آن جز سمساران و بزازان ندانند و هیچکس جولاه[۱۹۹] را نگوید که این جامه را بها کن و اگر جولاه بهای جامهٔ خویش خواهد کند[۲۰۰] از حساب و ابریشم و زر رشته و روزگارِ عملِ خویش[۲۰۱] در نتواند گذشت. و تقویمِ مرواریدِ خوشاب و لعلِ آب‌دار را کسی حوالت بغواص و معدن‌کار ننماید. لاجرم بهایِ جواهرِ نفیس را جز جوهریان دیگری نداند و قدرِ جامهٔ زربفت را غیر از حریرفروش کسی نشناسد «قدر زر زرگر شناسد قدر گوهر گوهری». (باقی دارد).

«بقیه از مقالهٔ گفتن و نوشتن» [۱۲]

لاجرم، شاعر، نظمِ سخن بشهوتِ طبع خویش کند، و شعر بر وفقِ حاجت و لایقِ صورتِ واقعه گوید و ناقدان اختیارِ نیکوییِ لفظ و معنی کنند، و فرق بسیار است میان آنچه بشهوت و خوش‌آمد طلبند و آنچه برای ستایش و نکوهش گویند. و شعر فرزندِ شاعر است، بزرگان گفته‌اند: «اَلْمَرْءُ مَفْتُونٌ بِشِعْرِهِ وَعَقْلِهِ».[۲۰۲]

---

[۱۹۸] در اصل: «گذارشهای».

[۱۹۹] یعنی: «بافنده».

[۲۰۰] یعنی: «اگر بافنده بخواهد بهای کالای خویش را تعیین کند».

[۲۰۱] منظور از «روزگارِ عملِ خویش» در اینجا «مدت زمانِ صرف شده برای تولید کالایش» است.

[۲۰۲] یعنی: «آدمی شیفته سخن و خرد خویش است».

و باید شاعر با خود تصور نکند که شعر موقعِ اضطرار است، و متقدمین بعضی برایِ ضرورتِ شعر خطاها ارتکاب کرده‌اند و لحنها در شعرِ خود بکار داشته، چه اقتدا[۲۰۳] به نیکوان نیکو آید نه ببدان. و در صورتی سخنِ منظوم پسندیده و مطبوع است که اطرافِ آن بانسجام و تفویف آراسته باشد و الا نظم را هیچ ضرورت نیست. و همچنین بکار بردنِ صنایع و بدایع در شعر وقتی مقبول است که آن دو صفت، یعنی تفویف و انسجام، در شعر بوده باشد و الا بی آن دو وصف، صناعاتِ بدیعیه بمثابهٔ قلاید و عقودِ جواهری است که بر نُحورِ کِلاب تعلیق نمایند.[۲۰۴]

زشت باشد دبیقی و دیبا
که بود بر عروس نازیبا[۲۰۵]

«تَفویف»

از جملهٔ خواصِ اولیه‌ی سخن علی‌العموم، و از جملهٔ بدایعِ مقبولهٔ شعر علی‌الخصوص، تَفویف است، و آن در شعر عبارت است از این که بناء سخن بَر وَزنی خوش و بحری دلکش و لفظی شیرین و عباراتی متین و

---

[۲۰۳] یعنی: «پیروی».

[۲۰۴] منظور از «بر نُحورِ کِلاب تعلیق نمایند»، «بر گردن سگان آویزان کنند» است.

[۲۰۵] از سعدی است، و این بیت را آقاخان کرمانی در کتاب «حکمت نظری» نیز آورده است.

قوافیِ درست، ترکیبی سهل و معانیِ لطیف نهند، چنانکه بِاِفهام[۲۰۶] نزدیک باشد، و در ادراک و استخراج آن اندیشهٔ بسیار و اِمعانِ فکر احتیاج نیفتد، و از استعاراتِ بعید و مجازاتِ شاذّ[۲۰۷] و تشبیهاتِ کاذبه و تجنیساتِ مکرر و ایهاماتِ مبهم خالی باشد، و هر بیت در لفظ و معنی بنفسِ خویش قائم بود (چنانکه حکیم فردوسی راست)، و جز از روی ترتیبِ معانی و تنسیقِ کلام بدیگری محتاج و بدان موقوف نباشد. و الفاظ و قوافی در مواضعِ خویش متمکن و مستقر باشند، و جملهٔ سراپایِ سخن یکطرز و یک شیوه بود، و عبارات گاه بلند و گاه پست نشود، و معانی گاه مُتَّسِق[۲۰۸] و گاه مضطرب نگردد، و بالجمله آهنگِ بم و زیر در الفاظ و معانی در تحتِ تألیفی منتظم و متناسب باشد، و مجاورتِ الفاظ و لیاقتِ آن بیکدیگر مراعات شود، و از غرایبِ الفاظ و مهجوراتِ[۲۰۹] لغاتِ قدیم در آن استعمال نکنند، بلکه از صحیح و مشهور و مستعملاتِ غیر منفور که در محاورات و مراسلات عرضهٔ تداولِ خواص است مرکب بود،[۲۱۰] و سخنی که بدین شیوه پرداخته و ساخته آید آن را «مُفوَّف» گویند. و باید که سخن از این صنعت عاری نباشد تا نام نیک بدان جایز بود. در اینصورت بسی مقبول و دلکش

---

[۲۰۶] یعنی: «فهماندن».

[۲۰۷] یعنی: «نادر»، «کمیاب».

[۲۰۸] یعنی: «دارای نظم و ترتیب».

[۲۰۹] یعنی: «کلام متروک».

[۲۱۰] تقریبا کل این پاراگراف (از «تفویف آن است» تا «مرکب بود») در لغتنامه‌ی دهخدا آمده است.

خواهد بود اگر چیزی از صناعاتِ مستحسن و مبتدعاتِ لطیف و مطابقاتِ مطبوع بآن سخن یار بود و به تشبیهاتِ درست و استعاراتِ نیکو و تقابلاتِ موزون و الهاماتِ شیرین مقرون آید که باین پیرایهٔ مقبول همهٔ زیورها بیاراید.

«انسجام»

ادبایِ عرب در معنیِ انسجام گفته‌اند: «إِنْ يَكُونَ ٱلْكَلَامُ عَذْبُ ٱلْأَلْفَاظِ، سَهْلُ ٱلتَّرْكِيبِ، حَسَنُ ٱلتَّرْتِيبِ، لَطِيفُ ٱلسَّبْكِ، خَالِيًا مِنَ ٱلتَّكَلُّفِ وَٱلْعُقْدَةِ، يَكَادُ يَسِيلُ مِنْ رِقَّتِهِ كَٱلْمَاءِ فِي ٱنسِجَامِهِ، لَا يُكَلِّفُ بِشَيْءٍ مِنْ أَنْوَاعِ ٱلْبَدِيعِ إِلَّا جَاءَ بِٱلصُّدْفَةِ مِنْ غَيْرِ قَصْدٍ، وَإِذَا قَوِيَ ٱلِانسِجَامُ فِي ٱلنَّثْرِ جَاءَ فِي فَقَرَاتِهِ مُوزُونَةٌ مِنْ حَيْثُ لَا يَحْتَسِبُ كَمَا وَقَعَ فِي كَثِيرٍ مِنْ عِبَارَاتِ ٱلْبُلَغَاءِ.»[۲۱۱]

معنیِ انسجام را بدین طریق تحدید مینماید که سخن از ترکیبِ موزون و شمایلِ میمون و لطافت و رقت بمثابهٔ آبِ صافی بُوَد که از چشمهٔ زلال بجوشد و هیچ گونه تکلفی آن را مغشوش نسازد. لاجرم چنین سخن که از سادگی و روانی مانندِ آبِ زلال و نسیمِ شمال بُوَد او

---

[۲۱۱] یعنی: «اگر سخن، شیرین‌الفاظ، روان و ساده در ساختار، نیکو در چینش و دلنشین در بافت باشد، و به دور از تصنع (ظاهرسازی) و پیچیدگی باشد، چنان روان و هماهنگ است که گویی از لطافت همچون آب جاری می‌شود. به هیچ یک از آرایه‌های ادبی متوسل نمی‌شود، مگر آنکه اتفاقی و بدون قصد قبلی پدید آیند. و هنگامی که این هماهنگی و روانی در نثر قوت یابد، عبارات آن ناخودآگاه آهنگین و موزون می‌شوند، همان‌گونه که در بسیاری از عبارات سخنوران نیز دیده می‌شود.»

را «منسجم» خوانند. و اغلب چنین اتفاق میافتد که محاسن و صنایعِ فنِ بدیع در این سخن «مِنْ غَیْرِ قَصْدٍ»[۲۱۲] تصادف مینماید. و گاه باشد که بعضی عباراتِ منثور با این صفتِ موزون اتفاق بیفتد، چنانکه چکامه‌هایِ قدیمِ پارسیان قبل از شیوعِ فنِ شعر در میانِ پارسی‌زبانان باین صفت متصف بوده.

و در اینجا از تأسیسِ طرحی که بنای عمدهٔ سخن بر آن است بیش از این یادکردن ضرورت ندارد. لاجرم باید در تحلیلِ مرکباتِ فنِ نظم و نثر باجزاء اولیه و مفرداتِ اصلیه شروع نمود، و ایراد آنها درین جا خارج از وضعِ جراید است و مناسبت ندارد، بقیهٔ آن جداگانه در دستِ طبع است، هرکس خواهان باشد بادارهٔ «اختر» رجوع نماید تا بعد از طبع ارسال شود. انتهی (اقل عباد میرزا آقاخان کرمانی).

[۲۱۲] یعنی: «ناخواسته».

ضمائم

(عکسِ مقالات در روزنامه‌ی «اختر»)

ازقراریکه در روز نامهای پاریس دیده شد اعلا حضرت پادشاه ایران نمونه راه آهنی راکه کومپانی « دوکوویل » دربازارگاه عمومی پاریس ساخته بودند تماشا فرموده وضع ساخت آن بیش ازسایر راههای آهن مطبوع طبع وپسند خاطر همایونی افتاده برای ساختن راههای آهن ایران بکومپانی مذکور فرمان امتیاز داده و بخود مسیو « پول دکوویل » دوم درجهٔ نشان « شیر وخورشید » ومسیو « پیردکوویل » نیز سوم درجهٔ نشان مذکور مرحمت فرموده شده است .

درنسخهٔ پیش ورود جناب جلالتماب اجل اکرم افخم آقای مخبرالدوله وزیرعلوم دولت علیهٔ ایرانرا بمصر وازعزیمتشان بسوی حجاز مغفرت طراز اجمالا آگاهی داده شده بود حال بموجب کاغذی که ازمصر نوشته اند مقرب الحضرة العلیة آقا میرزا محمودخان وکیل‌جنرال کونسلکری دولت علیهٔ ایران مقیم مصر که ازجوانان قابل وتربیت شده وازنجبا زادکان تبریز است ودر مکتب دارالفنون آنجا تحصیل وباقتضای استعداد فطری تحصیل خودرا باحسن وجه بپایان آورده « دیپلوم » گرفته‌است جناب وزیر علوم دیپلوم ایشانرا تصدیق و یك قطعه مدال طلا نیز که علامت فراغت ازتحصیل است بایشان التفات نموده اند .

ازقراریکه روزنامهای لندن میکویند . دولت انکلیس معادل هفتهزار وششصد وپنجاه لیرهٔ انکلیسی برای پذیرائی اعلا حضرت پادشاه ایران خرج ودفتر آنرا بمجلس پارلمنت تقدیم کرده است تا از جانب مجلس تصدیق بشود .

﴿ انکلیس وفرانسه ﴾

روز نامهٔ « استاندارد » منطبع لندن که پیرو خیالات لورد سالسبری رئیس وزرای انکلستان است دریکی ازنسخهای آخری خود مقالهٔ نوشته رضا وتمایل خاطر انکلستانرا بسوی اتفاق ثلاثه بتلمیح وتصریح اظهار داشته است .

روزنامهٔ مذکوردر آنمقاله بمناسبت سوق کلام روی سخن‌رابطرف فرانسه کرفته میکوید . دولت انکلیس ازاتفاق دولتهای المان واوستریا وایتالی‌که اساس آن‌مبنی بنکاهداری صلح عمومی و پیشبندی تجاوزات روس است نهایت خشنودی را دارد وآن اتفاق‌را بهمین سبب میمون میشمارد . دولت انکلیس المانرا درخصوص ضبط واداره ایالتین « الساس ـ لورن » که بخونبها ازفرانسه کرفته است محق میداند چه دولت المان آن دوایالترا موافق احکام عهدنامهٔ که فرانسه امضا کرده وخود بدولت مشارالیها واکذار نموده است اداره میکند . چون دولت انکلیس بخوبی دریافته است که مقصود این‌سه دولت متفق نکاهداری صلح ومسالمت وحفظ احکام معاهدات دولیه است لهذا دولت مشارالیها نیز بالطبع ازمسلك ایشان پیروی خواهد نمود .

﴿ فن کفتن ونوشتن ﴾

برخردمندان نازك‌اندیشه پردازسخن سنجان دقیقه شناس پوشیده نیست‌که حقیقت‌معنی کفتن ونوشتن عبارت ازآن است که جمال ربات الحجل معانی‌را بدستیاری مشاطکان چابکدست الفاظ ازنهانخانهٔ فکرت در معرض شهود بیان یامنصهٔ ظهور بنان جلوه کرسازند . واین مخدرات پرده نشین سرادق عفاف ممکن‌نیست روی شهر آرای خودرا از پردهٔ تواری بی هیچ ومیانجی ببازار نمایش عرض دهند مکر بیکی ازاین دو نیرنك (نیرنك اصوات) و(نیرنك ارقام) .

چندانکه نیرنك ساز مشعبدرا چیره دستی وچالاکی درترکیب وترتیب الفاظ دلفریب بیشتر باشدکه آنهارا بهیأتی متناسب وموزون تألیف کند عرایس افکار کشف غطا ورفع قناع ازچهرهٔ نیکو بیشترنمایند تا بجائی‌رسدکه یکباره شاهد معانی نقاب از چهره یکسو کذارد وبی‌پرده و بیداحسن شیداوکرشمهٔ عالم‌آشوبش درهمهٔ انظار هویدا وآشکارآید .

ولی هرقدرمشاطهٔ رعنا درماهره‌سازی قصور ورزد آن عروسان معانی‌رخ در پردهٔ تواری درکشند وسردرنقاب مستوری فرو برند وچون فی‌الجمله‌چیره دستی ظاهر نماید آنها نیز عشوهٔ اندك بدید سازند وهمچون هلال عید کوشهٔ ابرو نمایند .

وکاه باشدکه مشاطهٔ بی وقوف آنقدر ازحلل وزیور برعارض عروس بندد که روی شاهد منظور درزیر آن‌همه مزملات بقیاس ناپیدا ومستور بماند ولفظ از پی معنی رود وشاهد مقصود بالمره رخ فرا پوشد .

قواعد منطق تنها اعانت میکند حسن تراکیب وصحت ترتیب را درمفردات ومؤلفات واین‌علم اکرچه مستقیماً قسطاس این فن‌است امااستعمال منطق تنها از برای تمامیت کلام کافی نه بلکه‌باید صور تراکیب آن باین‌امور خمسه متصف باشد .

﴿ فصاحت ﴾

ازامور پنجکانه نخست فصاحت‌واو عبارت ازآن است‌که الفاظی روشن ومشهور موافق زبان یوم واصطلاحات قوم بطرزی خوش ادا دراثنای سخن استعمال‌شود وازالفاظ غیرمشهور واغلاقات منفورکه مایهٔ ازجار واشمئزاز خاطر آید احتراز نماید . ومعنی‌جلیلتر متمو وحسن کلام باشد نه تابع تاموجب نشاط خاطر سامع کردد ومقصود اصلی‌را باقوت افزایش‌خیالات متفرعه ومقاصدمتشابهه مبسوط ومشروح سازد وازکثرت وتکرار ادوات ازقبیل « در » و« بر » و« است » و« شده » و« بوده باشده اجتناب‌شود که کثرت ادوات علت ضعف ترکیب ومنافی حسن ترتیب است .

﴿ بلاغت ﴾

از امور پنجکانه دومین بلاغت وآن حسن ادا وکوتاهی جملها است بطوریکه کلام‌درادای مرام قاصر نباشد وبجملهای طویل که مبتدا اول صفحه وخبر در پایان آن ومابین مشحون بمعترضات است محتاج نکردد ودر واقع‌بلاغت حقیقی مبنی است براقتباس ذهن ز شراقات حاصله ازکثرت ممارست وتتبع درکلمات ومعانی بلغا وریاضت نفس ازمحاورت بادبیان‌وظریفان ودر فرازهای آن‌توافق وزن وتساوی حروف متجانسه شرط است واکرمتساوی نبود زاید الحروفرا درجزء ثانی کذارند وآنچه‌راکه‌دارای

کلمات خفیفه باشد مقدم دارند وباید کلام بلیغ مفرغ (۱) باشد ومطرق (۲)

﴿ سلاست ﴾

سومین از امور پنجگانه سلاست است اما سلاست گفتار هنری مادر زاد وخاصیتی خداداد است بمردمانی که بداهت افکار وسلاست ارکان واعتدال عناصر وزمی اخشیجان ایشان بسر حد کمال است وقوهٔ مقرره وناطقهٔ ایشان هرگز ازجولان بازنه‌ایستد وایگونه مردم زود اندیش وحامی الادا وسریع الانتقال والانفعالند وازفرط بداهت ذهن چنان زود تصور وزود تصدیق وقوی الحکم میباشند که شورباطنی انفعالات نفسانی خودرا باوسایط آلاتیهٔ حرف تحت ترتیبی فایق واسرع حال بدیگر کسان القا میکنند .

﴿ لطافت ﴾

چهارمین ازامور پنجگانه لطافت است وآن کیفیتی است مقتضی آنکه اجزای کلام در آغاز نظر خوش آینده وموزون نماید ومتکلم ازبعض کلمات مختص بلسان واصطلاح مردم اوباش وعوام بپرهیزد باوصف اتصاف آن کلمات بفصاحت واین مطلبی است وجدانی حوالت بطباع لطیفه وسلیق مستقیمه میشود .

﴿ قوت ﴾

پنجمین آن امور قوت است یعنی سخن‌را باهنگی ادا نماید که قلوب مستمعان وافکار عامه‌را هیجان دهد وناوکهای تند وتیز سخن تاریشهٔ قلوب واعماق افکار وخواطر نفوذ کند . واین دروقتی تواند شد که متکلم باحفظ قواعد منطق ورعایت مناسبات ادبیه از حال طبیعی خارج شده ازروی پری دل وتأثر خاطر بطوری تکلم کند که طرف مقابل بی اختیار مسحور شود واین صناعت بیشتر درنطقها وخطابه‌ها که فرنگان « دیسکور » نامند بکار میرود واین نتیجهٔ همان آه صاحب درد است که ازهزاران نوحه‌گر اثرش بیشتر باشد ودراین مورد تصنع مفید نیست بلکه مضر است وبعضی گفته اند آهنگ صوت وهنجار آواز نیز دخالت دارد ودیگر مناسبات مخفیه وشیوه های مطویه درکار است که شرح آنها موقوف برقریحهٔ زنده دلان وصاحبان فرهنگ است « که هرچه ازجان فرود آید نشیند لاجرم بردل »

طایفهٔ ازبرای قوت کلام وموجبات هیجان افکار وقلوب عوام آوازی بجوش وخروش واشاراتی پی در پی وعباراتی مشعشع والفاظی سلیس ومطنطن وهیئتی موحش وطرحی مهیب شرط دانسته‌اند «مزاجی درتمش دید خورسند» ولی برای خواص واولی الالباب که معدودی محدودند تلویحات بیهوده وتصریحات عبث وطمطراق الفاظ وشعشعهٔ عبارات‌را جزؤ هوا میشمارند بلکه نظر بحسن معانی وتناسب کلمات ولطایف مضامین وقوت شواهد وبراهین دارند لاغیر . ودرطرق ادا وتطبیق این معانی سخن گوش وتباشین چشم کافی نیست بلکه بایدازعقل فراخواندن وبدل فرانشاندن تانقشش برلوح نفس مرتسم وزخمش برمتن جان کارگر آید .

کلام مشعشع برقوت آن است که مانندهٔ نشأهٔ تند فورا درعروق اعصاب ورگ وریشه وشریانات نفوذ نموده مایهٔ سرعت دوران خون گردد ونیوشنده را از حالت طبیعی خارج کند بقسمی که دیگر ازهیچ چیز پروای اندیشه نسازد . ویا مانند بارقهٔ حسنی عالم افروزکه بنوک غمزه دلدوز وخدنگ مژگان . وکمان ابرو . وافعی چوگان زلف . وآتش چشمان جادو یکدفعه درجسم وجان عاشق بیدلی چنان اثر نماید که اگرکوه آهنین باشد چون کوی برباید واگرطود اشم بود بصاعقهٔ جهانسوزش بفرساید . ویاچون سیلی شهر آشوب وبنیان کن که از بالای کوهی بلند کف افشان وسریع الجریان سراشیب شود وخروشان وجوشان بسمتی روی نماید بدیهی است که هیچ سدی محکم در برابرش مقاومت وپایداری نتواند نمود .

« باقی دارد »

﴿ سیاحت اعلا حضرت امپراطور اوستریا در برلین ﴾

روزنامهٔ « فیگارو » منطبع پاریس ازسیاحت اعلا حضرت امپراطور اوستریا ببرلین وایفای مراسم بازدید اعلاحضرت امپراطور المان سخن بمیان آورده میگوید . اگرچه تاکنون درخصوص مسافرت اعلا حضرت امپراطور روس ببرلین‌که بازدیدی بایست از امپراطور المان نماید بطور موثوق آگاهی درمیان نیست حتی محافل سیاسیهٔ پطرسبرگ نیز ازاینمطلب اطلاع درستی ندارند ولی امپراطور اوستریا برای ایفای مراسم بازدید امپراطور المان که دوست ومتفق اوست عازم برلن ودولت المان نیز مشغول تدارکات پذیرایی ودرپی فراهم آوردن اسباب تشریفات واحترامات فوق العاده دربارهٔ ایشان است .

از قراریکه روزنامه‌های وین میگویند . اعلا حضرت « فرنسوا ژوزف » امپراطور اوستریا زیاده برچهار روز در برلن توقف نخواهد نمود نقشهٔ این توقف چهار روزه نیز چنانچه درذیل نوشته میشود خیلی جالب انظار دقت است . امپراطور مشارالیه دردوازدهم آوماه فرنگی وارد برلن شده آنروز را بدید وبازدید امپراطور المان بسر برده فردای آنروز دررسم عرض لشکری که مخصوص برای احترام ایشان بعمل آورده خواهدشد حضور بهرسانیده پس ازختام آن حرکات ومشق لشکری قبر « ویلهلم » نخستین امپراطور المان را دیدار خواهد نمود . فردای آن هم درسان لشکر شعبهٔ ازعساکرالمان دیگر حاضر آمده پس ازآن نیز قبر « فره دریك » سوم پدرامپراطور حالیه‌را دیدن کرده شب را درمجلس مهمانی امپراطور المان بسرخواهدبرد . راستی برای اعلاحضرت امپراطور اوستریا که درجنگ « صادوا » مغلوب عساکر پروس وزبون پنجهٔ قهر امپراطور متوفای المان گردید احترام واعزازی بیش ازاین مرعی ومجرا نمیتوانست بشود .

اعلاحضرت « ویلهلم » دوم امپراطور حالیهٔ المان گویا این مراسم احترام‌را مخصوصا برای دوست ومتفق خود ترتیب کرده است که . اول شوکت لشکری‌را که درجنگ « صادوا » بفرماندهی « ویلهلم » اول امپراطور متوفای خود « وفره دریك » سوم پدر خود بلشکر اوستریا غلبه کرده بود بدان مهمان محترم نشان وبدانوسیله ازوقوعات اوقات گذشته یاد آوری نموده آنگاه ایشان‌را بسر تربت آن دوامپراطور غالب برده حالت حالیهٔ آنان را که بجز مشتی استخوان نبودند بدان یار نموده است که . گویا دربارهٔ این دوامپراطور که چندی پیش ازاین بادریای لشکر

---

(۱) مفرغ یعنی ریخته است .

(۲) مطرق آن است که باچکش بسازند یعنی ترتیب سخن‌را بتکلف بهم بندند .

خصوصاً «چوجقلر باغچه‌سی» که بتصاویر دلپذیر کل ور یاحین و اشجار مصور و مشتمل بر حکایات موافق برامزجهٔ اطفال است که کودکان ازخواندن آن بستوه نمیآیند و بالطبع بکمال میل خوانده و باخذ پارهٔ اطلاعات مفیده نیز بهرمند میشوند ․

خلاصه تازه نهالان جویبار وطن را امروزه باقتضای ترقیات زمان همچنان باغچهٔ درکار بود لهذا همت مؤلف وطابع درآنباب سزاوار تحسین وآفرین است ․

﴿ تدارکات لشکری دولت ایتالیا ﴾

بموجب خبرهای تلکراف «رؤم» جنرال «غوزنج» رئیس کل ارکان حرب ایتالی رای رسیدکی وضع پاستیانهایی‌که درسمت «آلپا» ساخته میشود عنقریب بدآنسمت عزیمت خواهد نمود ․ جنرال مشارالیه تصور داردکه دروادی «پو» موقعی مناسب نیز برای تأسیس اردوگاهی تعیین نماید ․

روزنامهٔ «سوکولو» منطبع شهر «میلان» نیز بموجب خبرتلکراف «رؤم» میکوید ․ وزارت جنك بجدوجهد تمام مشغول ترتیب وتنظیم نقشهٔ برای آمادهٔ سفر داشتن عساکر ایتالی است ․ هرروز انبارهای دولتی‌را بااسلحه والبسه وآذوقه ومهمات پرمیکنند ․ ازیکسو نیز باقتضای قواعد سوق‌الجیش خط تازهٔ بخطوط حالیهٔ راههای آهن افزوده میشود که‌درحرکات لشکری سهولت حاصل آید ․

نخست بتزیید خطی براههای آهن که درمیان «بولونیا» و «بزارو» و «پادووه» همت مباشرت شده‌است ․

اعلاحضرت حکمران ایتالی خود نیز چندی پیش ازاین استحکامات موقع «مادالناء»را بدقت تمام رسیدکی نموده پس از آن باتواب ولیعهد بموقع «کاپره را» نام که مدفن جنرال «کاریبالدی» مشهور است رفته بسرقبر متوفای مشارالیه دستهٔ کل که علامت قدرشناسی است کذاشته است ․

حکمران مشارالیه ازآنجا بشهر «ناپولی» رفته ازمسیو «کریسپی» رئیس وزرای خود که درآنجاست دیدن خواهد نمود ․

« اختر »

راستی امور سیاسی وپولیتیك دولتهای بزرك ومسلك ایشان دراختیار صلح وجنك معمایی است که حل آن درقوهٔ هیچ دانشمند باوقوف ازاوضاع جهان نیست ․ دیروز بودکه دولت ایتالی هفتاد هزار ازلشکریان خودرا چنانچه درضمن خبرهای تلکراف نوشته شد مرخص خانه نموده ایمنی‌را دلیل کمال صلح جویی نشان داد ولی امروز باز درنهایت سرعت وتعجیل مشغول تکمیل تدارکات جنك وجمع آوری لشکر ورسیدکی بوضع استحکامات مملکت است ․ واحدی‌را مجال آن نیست‌که بکوید این چون وآن چرا ․

بموجب خبرهایی‌که ازپطرسبرك رسیده‌است ازجانب اعلاحضرت ایمپراتور روس درروز جشن مخصوص اعلاحضرت ایمپراتوراوستریا درسرای «کرسنونه‌سلو» مجلس مهمانی ترتیب یافته هیئت سفارت اوستریا بدآنمجلس دعوت شده‌است ․

اعلاحضرت ایمپراتور روس ․ وپرنس «نیکولا» حکمران «قره‌طاغ» و «کراندوك دومکلنبرك» درآنمجلس نشانهای دولت اوستریارا حامل بوده‌اند ایمپراتور مشارالیه دراثنای طعام بسلامتی اعلاحضرت ایمپراتور اوستریا باده نوشی کرده‌است ․

میکویند عنقریب درمیان مسیو «دوفره سینه» وزیرجنك فرانسه ․ وکونت «والدرسه» رئیس ارکان حرب المان درموقع «بوردورف» نام ملاقاتی بوقوع خواهد رسید ․

بعضی ازروزنامه‌های «وین» بموجب اطلاعات «رؤم» وقوع این ملاقات متصوررا محقق میدانند ․

﴿ بقیه از مقالهٔ فن کفتن وشنفتن ﴾

﴿ سهل ممتنع ﴾

اما سهل ممتنع آن است که چون سطحی کروی الشکل ازهیچ طرف رخنه پذیر نباشد ․ وآترش در قلوب ونفوذ ش درمغز مستمعان مانند خوابی نوشین دردماغ جوانی سرکرم از نشأهٔ دوشین آهسته واندك من حیث لایعلم نفوذ نماید ودمبدم سرتاپای وجودش فراکیرد ․ و یاچون نفخهٔ حیاتی جدید که نمر بجا در نطفه دمیده صورتی احسن الصورتشکیل کند ․ واساس قدرت این کلام برآن است که مناسبات لطف سخن بحیثیتی معتدل بدرجهٔ متساوی العناصر باشند که کویا فروغ شعشعهٔ هریك ازنکات حسن وآن لطف سؤرت اشتعال حسن دیکری را تعدیل نموده وسرکشی پرتوهریك ازفر فروغ دیکری فرونشسته دراین‌صورت این‌کلام ازغایت حسن وزیبایی آنات حسنش درهم مضمر ولطایف جمالش در یکدیکر مدغم است ․ وکوتاه بینان‌را یارای مطالعهٔ جمال شاهدمعنی‌آن نیست که‌فروغ حسنش ازچشم ظاهربان پنهان ومستوراست وتجلیات جمالش ماورای مفهوم ظاهر وفوق ادراك ظنون وخواطر تواند بود ․ باوصف این ازغایت پیدایی شاهد بازاریست ․

وآن قوتی که درجنبش مضراب این سخن نهفته مانده یك‌آهنك غیبی‌مربوط است که‌رشتهٔ هودش بتارجان پیوسته باشد وزخمهٔ چنکش بردل نشسته حرکات اوتارش محیر العقول ومهیج الارواح است ․

بالجمله کسانیکه بقوت نطق مشعشع عالمی‌را زیروزبر ومنهیج ساخته‌اند درهرعصر پیدا شده‌اند اما اینکونه سخن کفتن منحصر بعصر های مخصوص معارف واشخاص محدوداست ․ زیراکه تماس اجزاء کلام بقدری باید مکمل وتمام باشدکه یکی ازآنها درمیانه نمایان وممتاز نکردد وبعبارة اخری آنقدر عناصر کلام‌را ملایمت واعتدال فراکیردکه مزاجی لین‌العریکه تشکیل یابد وطباع سرکش ازشدت الفت وفرط امتزاج بیکدیکر سرشته شوند ودر نزد اولی الالباب میان این‌کلام باکلام نخستین فرقها بسیار باشد ․

« پرورسخن »

روش وسبیکهٔ سخن عبارت ازهمان ترتیب ونظمی است‌که درسیاق معانی بکار می برند ․ اکر ابتدا ازنتیجه کنند وپس بذکر صغری وکبری پردازند اورا اثبات دعوی کویند ․ واکر تنها یادشود قیاس مطوی المقدمه نامند ․ واکر قضیهٔ صغری بانتیجه مذکور آید محذوف الاوسط خوانند وبهتر آن‌است‌که‌تمام اجزای‌قیاس بروفق‌ترتیب‌طبیعی‌ذکرشودکه‌بقیاس‌کامل‌الاساس موسوم است ․ اما چون ازمعلول بعلت سوق کنند «انانی» باشد وچون ازعلت بمعلول

سوق نماید « برهانی » وهرکاه ایجاب مطلبرا کند « استقرائی » واکر ازراه ابطال نقیض پیش آید « خلفی » نامند .

« اتباب اقوال »

چه بسیار کسانی که باطلاعات سطحی خود مغرور و برغیر اساس منطق سخن رانند وطریق سوق وحرکت برروی خط مقصودرا نمیدانند وبا اندك خطرهٔ ازجادهٔ روش بدر رفته ازفرط اشتلم در پیغولهای وعرالمسالك کم میشوند واین کلامرا « بیشغول » خوانند باین معنی که متکلم استقامت خط اصلیرا کذارده بفروعات وحواشی غرق میشود وناچار بمشکلات لاینحل دوچار میماند . پس اکر بخواهد درسلسلهٔ عرض وحواشی مشی نماید فرسنکها ازاصل مطلب دور میافتد واکر بخواهد متفرعاترا کذاشته باصل سخن پردازد کلام ناقص وابتر میشود - دراین صورت اغلب کلمات مردمان غیر متوغل درقواعد منطق هرقدرکه دارای سلیقهٔ مستقیم باشند ازاین دو عیب خالی نیست . یامنحرف وپیش قول است یاابتر ودم بریده - ودر سوق سخن صناعت بزرك آن بودکه روح مطلبرا درقالب متفرعات بکنجانند وحواشیرا درسلسلهٔ طول ربط ندهند .

« حد اعتدال »

اکر بلجام سلسلهٔ ترتیبرا تنك ڪكرفته سخنرا مقصور ومحصور سازند مختصرو موجز شودواکرزمام حرکت اوراسست کرده اتصالات وارتباطاترا بهوای تلاطم الفاظ واکذارند سخن هرآنقدر فصیح باشد منجر باطناب واسهاب خواهدشد . واکر عبارات موجز ومتین بریده ومتقطع آورند هرچند ادیبانه باشد از سلامت طبیعی میافتد . وهرکاه سلس ومسلسل از پی هم ترتیب شود ازقبیل تعسفات وتمسات شمرده میشود . چون مفردات یامرکبات سخنرا بامعانی مشترك ادا سازند جملهٔ کلام محتمل الوجوه وموجب خطرات خاطر وشبهات ذهن خواهد بود . وهرکاه مترادفاترا ردیف نماید ازعیب تکرار وایطا خالی نماند . اکر بخواهند بدون پیچیدکی وبی تکلفانه عناصر معقود کلامرا ترتیب کنند سخن خیلی ساده وبی رمق خواهد شد . وهرکاه سلسلهٔ الفاظ ومعانیرا مجمود ومضبوط سازند رفته رفته بتکلفات دوچار خواهد کشت .

« شعریات »

آنانکه خواهند شاعرانه سخن کویند اکر صناعت شعررا بنحویکه درمنطق مقرر است ندانند سخن ایشان سراسر پرمیشود ازتشبیهات واستعارات بی مزه وسراپای الفاظ ومعانی آنانرا پارهٔ شطحیات ورعایت نظیر فرامیکیرد بدون اینکه ابدا افادهٔ لطف وزاکت درمعانی نماید یا الفاظ هریك درموقع خوداستعمال شود یااینکه حق ملایمات حسن انعطاف وسرعت انتقال عبارات اداکرده آید .

پس همان به که متکلم بدون شناختن مناسبات معانی ولطایف مقرره درصناعات خمس مرتجلا شروع به نظم ونثری نکندکه خودرا بی شك درنزداولی الالباب مفتضح ورسوا خواهدنمود . باهمان مدادیکه صفحهٔ کاغذ خویشرا تسوید میکند روی سفید خودرا نیز سیاه خواهد ساخت .

« چه نیکبخت کسانیکه بیکناه بدند »
« قلم بدست کرفتند وروسیاه شدند »

دراینباب « ولتر » که از مشاهیر ادبا ودانشوران فرانسه است میکوید . هرصناعتی چون ناقص باشد تایکدرجه مفید فایده وثمرثمری ازبرای رفع احتیاجات معاشیه خواهدشد مکر صناعت شعر وانشاکه درجهٔ ناقص آن مفید نتیجه نیست بلکه مایهٔ انزجار خاطر وموجب اختلال مشاعرمیکردد . پس اولی آن بودکه هرکس این قوهرا بهیأت ناقص صناعت خود قرارداده اورا تبدیل بکسبی دیکر سازد .

اما پارهٔ اشخاص بندرت اتفاق میافتدکه ازاستقامت سلیقه وجودت رأی واستعدادفطری وطبع موزون متنطقانه مینویسند ومتکلمانه میکویند وکلامشان ازهرعیب ونقص خالی وعاریست ولی چنان اشخاص بواسطهٔ دارایی اشراق ذهن بالطبع صفحهٔ لوح خیالشان برترتیب منطق مسطوراست .

« باقیدارد »

بموجب خبرهایی که ازسمت « بوسنه » و « هرزکوین » رسیده هفتهٔ پیش درآنجازلزلهٔ سختی بوقوع رسیده بدرجهٔ که ازشدت آن خط راه آهن میان « موستار » و « اوستروپاك » دربعض نقاط زیر وروشده پارچه های آهن ازمحل موضوع خود برخواسته است .

﴿ مصر ﴾

ازقراریکه در روز نامهٔ مصر دیده شد چندیستکه آب رود نیل درفزایش بوده ایروزها درقاهره تاهفده ذرع بالا کرفته ودرسایر نقاط نیز بحد نصابیکه مطلوب زراع ودهکانان است رسیده این تفضل خداوندی موجب خشنودی عمومی سکنهٔ مصر بوده است .

بموجب راپوریکه ازجانب ادارهٔ « کانال » سویش انتشار داده شده است درظرف ژولیه ماه فرنکی دویست وهفتاد فروند کشتی ازکانال عبور نموده معادل پنج ملیون وسیصدو ده هزار فرانك ازآنها خرج مرور کرفته شده است .

ازماه کانون ثانی تاآخر ایار ماه رومی کمرکخانهای مصر ازامتعهٔ خارجه که وارد خاك مصر شده است مبلغ دوملیون وهفتصد وپنجاه وسه هزاروششصد ونود وشش لیرای مصر رسم کمرك کرفته وازامتعهٔ داخلیه نیز که بخارج رفته است معادل پنج ملیون وهفتادونه هزار ودویست ونودونه لیرا کمرك اخذ نموده است .

« اختر »

چنان بنظر میآیدکه رفیق مادراین حساب سهو نموده باشد چه ازاین قرار ازاول کانون ثانی تاآخر ایار ماه که ازهمه جهت عبارت از پنجماه است مداخل کمرکات مصر قریب بهشت ملیون لیرای مصری میشود ودراین صورت باید سالیانه تنها مداخل کمرکات مصر قریب به بیست ملیون لیرای مصری باشدکه اینمعنی بوجهی ممکن نتواندشد زیراکه بموجب بودجه تمامی مداخل سالیانهٔ مصر قریب بده ملیون لیراست عجبتر اینکه رفقای ما روزنامههای ترکی نیز اینتفصیلرا عینانقل نموده ملتفت این سهو بزرك نشده اند .

بعضی از روزنامهای لندن میکویند . « سیردرمونددولف » سفیرانکلیس مقیم دربار ایرانکه اکنون بمناسبت مسافرت اعلیحضرت پادشاه ایران بفرنکستان درلندن است دیکر تصور نداشته استکه بطهران معاودت نماید کویا دولت انکلیس وزارت کمرکات انکلستانرا بعهدهٔ ایشان سپرده یکی دیکررا بجای او بسفارت طهران معین خواهد نمود .

﴿ بقیه از مقالهٔ گفتن و نوشتن ﴾

خوبترین اداتی از برای توصیف سخن سازی همان تعبیری است که معلم مشائی در مبادی منطق آورده که سخن حقیق هرچه را باید داراست و از هرچه نباید مبرا مثلا اگر کسی بگوید (طیوریکه درهوا پرواز میکنند) نیمهٔ سخن تعبیر زاید است زیرا که طیور نوع صحرائی ندارد . و هرگاه بگوید (درختان باغ برآوردند) چیزی فرو گذار نموده که این درختان چه چیز برآوردند شکوفه یا غنچه یا ثمر یا برگ .

و هم او گوید هر سخنی بتصاریف دهور و ایام منسوخ شود چه لباس اصطلاحات و پیرایهٔ عبارات در تصریفات زمان اندراس پذیردمگر کلام حقیق ساده از هر حله و زیور زیرا که آنچه باقی و جاوید ماند حقیقت است و بس .

گرچه ما مقصود نداریم درین مقاله فنون سخن پردازی را بالاطراف شرح و بسط دهیم ولی بطور اجمال هم ازاونشاید گذشت که طایفهٔ برهجز نویسنده جل نمایند لاجرم بعضی مراتب آن را درلباسیکه متکلمارا بکارآید بطور مختصر یادمی نماییم تا خوانندگان بی بهره نمانند و ازدوحهٔ بلاغت ثمرهٔ اقتطاف کنند .

« طرح معانی »

اکنون پیش ازتتبع ترتیبی که شاهد زیبای معانی را درلباس آن ترتیب باید جلوه گر ساخت اساس متین طرح و تاسیس خواهیم نمود که درآن بجز تصورات ابتدائیه و معانی اولیه که مقصودبالذات اندچیزی ذکر نخواهدشدو بواسطه تعیین مواضع آن معانی برروی این اساس تواین است که مطلب محدود و بدو ونهایتش معلوم میگردد ودرسایهٔ آن طرح ریزی است که فاصلهٔ حقیق خیالات فرعیه ازخیالات اصلیه متشخص ووسایط لازمهٔ ادای آنها معین میشود چه مقصود بالذات بایستی متحد باشد ودرهرحال نظر متکلم برنقطهٔ متعین بود و برروی یك خط مخصوص حرکت نماید و ازافزایش خیالات خارجه که موجب فوات غایت مقصودست پرهیز کند وبایدترتیب اجزاء اصلیه را چنان ازاول امر طرح کرد که اول ووسط وآخر مطلب معین ومطلع ومخلص ومقطع متشخص باشد . چون خواهند برروی یك نقطه ازمطلبی بمطلبی گذرد دران مقام عبارت را بنوعی اداکنند که تذکار ماضی واخطارما سیأتی شده باشد وچون معانی اصلیه وفرعیه ازهم ممیز شد آنهارا باید تسبیط کرد یعنی هریك را برجای خود نشاند وسلسله را رنگ تناسب داد تاهریك تاثیروخاصیت خود بخشند .

دراین صورت می توان بقوت قریحتی اندك حالات عمومیه وخصوصیه را ازحیثیت غرض حقیق بودن تصور کرد وبامقداری دقت قوهٔ ممیزهٔ صحیح وسقیم ومثمر وعقیم آنهارا ازیکدگر تشخیص داد ولی باید باکتساب ملکهٔ راسخه نتیجهٔ آن همهٔ تصرفات ذهنیه را ازهمان آغاز دریافته باشند تامعنی معقد ومبهم نگردد همین که مطلب اندکی بهم بپیچید وعنود سخن کسب انتشار نمود دربادی نظر احاطه بدان سخت است بلکه بدستیاری قریحت هم باکمال دقت نکات ومزایای آنرا دریافتن وبکنه آن واصل شدن از ممتنعات یامشکلات نادر الوقوع است پس هرچه ابتداء بیشتر وسیلهٔ تاکید وانشراح خیالات را بجویند وازروی تأمل وتأنق باعتلای پایهٔ خیالات بیفزایند درمعرض عیان وحیز بیان آوردن آن آسانتر خواهد بود این طرح ریزی اساس وبنیاد کلام است که اورا مؤکد ساخته وبراهش گذاشته عبارات را تحت ترتیبات صحیحه میآورد وسلسلهٔ معانی پراکنده را بهم مرتبط میسازد وبی این اساس بهترین نویسندگان قلمش درعرصهٔ صحیفه بسرخود جولان میکند وغالباً گمراه میشود وخیالاتش رمی من غیر رام ودقایق ونکاتش مباین مرام می افتد هر قدر رنگ آمیزی فقراتش درخشان ورخشان ولطایف مفرداتش لامع وزرافشان باشد هیأت مجموع آن بذهن میرند وافادهٔ معنی نمی نماید بلکه اینگونه سخن درنزد ارباب بلاغت ازمقولهٔ زخرف ملمعات شمرده میشود .

« معلات »

بجهة همین آنکسانی که الفاظی چند شفیف ورخشنده اکتساب نموده اند چون خواهند ازان الفاظ تراکیب منثوره ترتیب نمایند فرجام کارشان بقیلوس درائی ورطب ویابس بافی منجر میگردد وهمچنین کسانیکه باولین نایرهٔ فکرت خود دلگرم میشوند درطرز افاده بآن دست که برمیخیزند پیش نتوانند برد بل ازپای در می افتد وچونان دولت مستعجل فوراً پس ازلمحهٔ درخشیدن فرو می نشینند وازفوران نخستین باز می ایستند وایشان بمثابهٔ سحابهٔ صیف اند که پس ازرعد وبرقی زیاد حرفش خشك ورطوبتش نشف میشود واناانکه ازظهور حالات وحشی وخیالات متفرق دراوقات مختلف فصول پراکنده مینویسند جمع وتلفیق آنها دریك سلسلهٔ متناسب خالی ازصعوبتی بسیار نیست خلاصهٔ تلفیقات مرقع وموصل بسیار زیاد است وتالیفات یك دست یك نواخت خیلی کم .

(باقی‌دارد)

« تأثیر تربیت وتعلیم »

از جمله اسبابی که در ترقی هیئت جمعیت اثرکلی می بخشد تعلیم وتربیت است ومقصود ازتربیت پاکیزه‌ساختن طبیعت‌ومستقیم گردانیدن اخلاق وتعدیل قوای سرکش طبیعت است بعواطف وملایمات حرکات وآدابی که در آن عصر متداول میباشد در هیئت قومی که آروز ازجهة علم وقوای دیگر از سایر اقوام پیش افتاده اند وناچار اخلاق وآداب آنقوم نمونه وسرمشق دیگر مردمان است . لاجرم مقالید تربیت بدست کسانی است که در هر عصر سعادت بلاد ورفاه عبادرا کافلند وشك نیست که تأثیر تربیت نخست در افراد اشخاص وپس از آن بهیئت نوعیه سرایت میفاید ونمیتوان گفت که آثار تربیت در هر عصری ثابت است وقابل تغییر نیست بلکه برای این تأثیر حدی معلوم میباشدکه ازآن میزان تجاوز نتواند نمود وبسا آنکه عواطف تربیت پس ازقرنی در هیئت امتی بشکل دیگر تغییر وتبدیل یابد ونتیجهٔ آثار چنین تربیت در یك قومی آن است که اولا پارهٔ اخلاق وآداب آنقوم را فی‌الجمله تغییری داده پس از مدتی یکدفعه هیئت آن قوم را بهیئتی دیگرمبدل سازدکه وجهی مشابهت باهیئت نخستین نماند وبعد از تراکم اطوار مکتسبه و آداب مقتبسه از هیئت اسلاف باخلاف سرایت کرده یااره‌آنان‌را ازجملهٔ ملت‌دیگرمحسوب دارد بقسمی که آثار سلف را یکدفعه بر طاق نسیان گذارند وازاطوار موروثهٔ خودچیزی یاد نیاورند ورفته رفته اسم ملت وهیئت ایشان محو ومنطمس گردد ولا محاله همهٔ عواطف وحرکات آن‌امت که اطوار خودرا سرمشق تربیت سایر امم قرارداده اند ازهر جهة کامل ومنتج باشد .

بلکه اغلب چنین اتفاق میافتدکه آن امت پارهٔ کارهای‌ناز‌یبا وعادات‌زشت خودرا بصورت خوب جلوه میدهد وچون عموما آثار آنهامظهر

تاچون روزکار ناپایدار بسعادت معهود خویش ازخستکان نسیمی وزتشنکان زلالی دریغ داشت . وآن فروزنده اختر سعادت وتابنده نیر عالم انسانیت را مدتی طولانی درزیر سحاب ظلمانی تعطیل کذاشت . ونسایم لطیفهٔ اقوال آن مجموعهٔ حکمت اشتمال امدی مدید در پردهٔ توقیف بی نشان ونابدید بود . یعلم الله که خاطر ماجزانه خارق العاده ازاین درد تا که چهود متاثر ورنجور کشت که بهیچ وسیله تأثر قلبم را تعدیل وآن حال هول اشتمال را چاره وتدبیری نیافتم ونار اکدارورا بهیچ وجه اخفا واطفا نتوانستم .

(وماضر قلبي مثل فقد اكارم)
(احاطت به استعظمات النوائب)

الليل والخليل يشهد نی که هرشب بخیالش تا بامداد اختر شمردم و برفوت صحبت چنان یاردیرین بسی تاسف خوردم .

(سلوا الليالي عني وهي تخبركم)
(انکان یرثی لقلبي في الهوی کبدی)
(ابيت ارعى نجوم الليل في سهر)
(والدمع منهمل في الخد كالبرد)

چه درحقیقت وانصاف وخارج ازرویهٔ مبالغه واعتساف آن صفحهٔ رخشنده ونیر تابنده اهالی مشرق زمین را بمثابهٔ یك همای نورانی میبود که سایهٔ سعادتش انوار معارف را برآفاق استوار تعمیم وانتشار وشهبال مطبوع الاندامش بچو نان چتر همایون پری زرین پر مزایای خوار قفهای بوارق غیبی را برمفارق مشرقیان نثرونثار میفمود . شهدالله که آن شاهد شیرین ادای بدیع البیان از برای هیئات عمومیهٔ محافل شرق آثار وعلامات نجم واهتدا را درتلق قرائب واجانب وتدقیق طباع حاضروغایب مع الشرف اثبات واحراز میفرمود . وهماره از وسعت لذت شارش که در استواری کردون وصحایف طبعش که در یکتاری جیحون میبود ودرمیان ابنای جنس معارف فضل را شایع . وزخارف هرل را ضایع میداشت هم براین نسق روزکاری مدلومت میخودم وروزوشبی بسیار ضجیع آلام واحزان وبجیع هموم واحجان بودم وانتظارآن داشتم که فتح البابی مکراز غیب شده بادسحرکاهی ازآن خورشید خرکاهی دامن محمل برافکند وپس ازشام دیجور تیره حضرت فالق الاصباح روشنائی بدیدآورد .

تا که دیدم که بشیر صبح اقبال دررسید . وثانیاً آن نجم فرخندهٔ سعادت ازافق اعتدال درخشنده کشت . وآن خامهٔ موزون صریر به ترانهٔ دلکش درآمد . آواز معرفت پردازش ساحه ملسای صحایف لطایف سپهر فیروزه فام کردید . وآن همای همایون طراز درهوای انس باجناح قدس بال کشای پرواز ومحرك اجنحهٔ حقیقت ومجازشد . وقلب مشحون را از کنج احزان به بیت السرور کشید . یکعالم مبسوط و یکدنیا مشعوف کشتم وزغایت طرب وشوق مشرف برطیران شدم .

«لله در مبشری بقدومه * فلقد اتی بلطایف المسموع»

لهذا عموم هوا خواهان عالم انسانیت را بدین بشارت بزرك تبریك وتهنیت میغنایم وازخداوند متعال موفقیت آن اختر تابناك را از برای نشر انوار معارف وآثار تمدن در وجه کرهٔ زمین خاصه بلاد مشرق میخواهم .

(جاودان درملك وملت زی که باشد بی تو ملك)
(همچو تن بیجان وجان بیعقل وجامه بیخرز)

(بقیه ازمقالهٔ فن کفتن ونوشتن)

مضامین بسیار یافتن پسندیده نیست بلکه هنر درترتیب وحسن انتظام آنهاست چون مطلب واحداست هرقدر مبسوط وطویل باشد کنجانیدن آن دریك خطابه ممکن است بدون بکاربردن فواصل وتقاسیم . واماچون مطالب مختلف ذکر شودناچار است از بعضی مواقف وتقسیمات تاحرکت فکریه درسباق ورویش خود سرآسیمه نماند وهمچنین اکرغرض ذکر معظمات ومعضلات مقاصد متباینه باشد بجهة اقتضای حال بآن معنی ناچار است وکرنه کثرت تقاسیم بجای رزانت موجب پریشانی واخلال جمعیت سلسلهٔ کلام میشود وعلاوه برمراعات این دقایق پارهٔ شرایط دیکر لازم است تاطرح ریزی وتاسیس کلام بر اساس متین ورزین باشد اکرچه در ذکر شقوق متعدد وکثرت تقاسیم عبارت در بادی نظرواضح وآسان می نماید اما مقصود بالذات مبهم ومغلق خواهدماند بنوعیکه بذهن خواننده فرو نتواند رفت بلکه درك مطلب از آن نیز بوجهی میسر نتواندبود مکر بواسطهٔ فرونکذاشتن رشتهٔ سخن ازدست وبجهة ارتباط موافقت خیالات با ایضاحی متوالی وتدریجی مستند وطرزی یك نحت که همهٔ فواصل را تحت اضمحلال آورد

(کلام طبیعی)

سخن طبیعی وکلام حقیق آن است که کوینده ازروی فطرت آهنك سخن کند بی آنکه دراثنای سخن ملتفت ومتوجه بساخته کاریهای کلام باشد و بعطف عنان وتعدیل لسان وتصنعات طرز ادا وبیان ابداً نپردازد وانیکونه سخن ازهرکس تراوش کند درحد خود مکمل وتمام وساده وعاری ازتصنعات سخن پردازی ولمعات رخشان خود سازی است .

چرا مصنوعات طبیعت این قدر مکمل وتمام است بجهة اینکه هرفردی از افرادآن مجموعی است وصنع صانع آن براساس جاویدی که هرکز ازآن پایه منحرف ومنعطف نمی شود تخم محصولات خودرا باهستکی وخاموشی آماده میکند فطرت نخستین ذوی الارواح را باصنعی بی تفاوت مجری می سازد وباحرکتی دائمی وزمانی مقرر باستمنا واستکمال آن می پردازدچه تماشای حقیقت آرایش کالبد ماهیت است صنعت اکرچه حیرت انکیز است اما انچه بواقع وحقیقت مارامتحیر میسازد آثار طبیعت میباشدکه صنعت تقلید آن میکند .

عقل اکتسابی بالارتجال ایجادچیزی نمی تواند وبهیچ چیز دسترس نمی شود مکر بدستیاری حرکات فکریه درسایهٔ ترتیبات قیاس واشراقات اقتباس معلومات اوتخم محصولات اوست واز اولیات کشف نظریات میکند فقط اساس کارش براکتسابات فکریه است اما کردوررفتار وکردار خود پیرو طبیعت باشد باقوت مشاهده ونظر باوج حقایق عال العال می رسد وکیف ماالتفق کارش خود بخود سامان استوار میکیرد واکر به نیروی تفکر معلومات فطریه را فراهم آورد واز آنها مجموعهٔ وترتیبی سازد برروی بنیانی پایدار بنائی قوی بنیاد تأسیس میتواندکرد وطرحی بلند میتواند افکند

« حیرت درنکارش »

بعلت فقدان اساس وضعف موضوع است که شخص تیز فهم سراسیمه میاند ونمیداند در یك مطلب ازکجا آغازد چه خیالات بسیار درنظرش جلوه کرمیشوند اما چون آنهارا مقایسه نکرده ورعایت دقایق قواعد ننموده وطرح طبیعی را بدست نیاورده هیچ وسیلهٔ اورا باغاز وانجام مقصود وزجمیع اطراف موضوع دلالت نمیکنند

لاجرم درتشویش وسرکردانی می افتد همینکه اسامی برای خودکذاشت وباینکه با امعان نظر خیالات اصلیهٔ موضوع را بیك سلك مضبوط ودریکرشته منتظم ساخت نقطهٔ مقصود خودرا میداند ووقت کمال وزمان بلوغ محصولات فکریهٔ خودرا می شناسد چون آغاز بکفتن یانوشتن کرد ترتیبات منثور ومنظوم وتلویحات منطوق ومفهومش مطیع یك قانون مخفی وهنجار حرکات الفاظش درهبوط وصعود وترقی وتنزل تحت یك میزانی طبیعی منتظم وموزون است وسلسلهٔ وارداتش متوالی و پی در پی می آید و بارقهٔ خیالاتش باآهنك سلامت معاونت مینماید ترتیب کلامش طبیعی و بفهم نزدیك و باسقات معانیش شاداب ونیك است پس باکمال شوق وذوق باداء معانی می پردازد واز لذت حسن ترتیب الفاظ دلکرم شده دلکرمیش بهرسو سرایت میکند . بیاناتش درقالب معانی میدرخشد وبهر بیانی جان می بخشد . رفته رفته سراپا همه قوت وجان میکیرند . وطرز ادا بلندی شود . و پایهٔ معانی عالی وارجمند . نفحات بیانش روح پرور . ولمعات ادایش دمبدم سنکین ورنکین ترمیکردد . وهم ادراکات باطنی پیوسته بعرفان ظاهری میافزاید واورا بغایت مبسوط میسازد تا ازانچه کفته بدانچه خواهد کفت بطریقی خوش وآهنکی دلکش بکذرد وچنین نقطهٔرا فصل الخطاب نامند .

(باقی دارد)

﴿ حبشستان ﴾

روزنامهٔ « ریفورم » منطبع « رؤم » میکوید . بعض روزنامها درخصوص حبشستان پارهٔ مطالب مینویسند که ابدا اصل ندارد . وضع خطهٔ حبش چندان خطرناك نیست . پس ازحرکت هیئت سفارت « منه لك » حکمران تازه بسوی « رؤم » مقرر بود که حکمران مشار الیه نیز بجانب « شوها » دار الملك نخستین خود حرکت نماید .

اکرچه پس ازفوت حکمران سابق حبش « رأس الولا » که ازسرداران اوست در بعض قلل جبال اظهار کروفری مینمود ولی لشکریان « منه لك » حکمران جدید او را از نقاطی که مستولی بود اخراج نموده اند لهذا اکنون ازآرزوهای اندیشهٔ درآنملك باقی نماندهاست . حکمران مشارالیه درتصورآن است که قبل ازتاج کذاری واعلان جلوس تفصیلی ازمفاخر خود بتبعه وزیر دستان برشمارد وپس ازآن پای بربساط حکمرانی آنجا بکذارد .

بموجب خبرهای تلکرافی « رؤم » منه لك حکمران تازهٔ حبشستان باقامت هیئت سفارتی ازدولت ایتالی درمقر حکمرانی خودراضی شده است . چون کونت « انتونلی » آرزومندااقامت دره رؤم » است از آرزو کونت « سالیمبنی » از جانب دولت مشار الیها بسفارت آنجا معین خواهد کردید .

﴿ ایتالی ﴾

بعضی از روزنامهای اروپ در خصوص تدارکات لشکری دولت ایتالی میکویند چون عملیات استحکامات موقع « تارانت » در کمتر از پنج سال بانجام نتواند رسید لهذا میتوان کفت اقوال بعض روز نامهای اجنبی را دلیل جنکجویی وانمود میکنند بیجاست .

مقصود ازعزیمت اعلا حضرت حکمران ایتالی بموقع « تارانت » ورسیدکی ایشان بعملیات آن استحکامات محض این بود که دیکر مجلس مبعوثان دردادن مخارج آن ایستادکی نکنند .

ولی روزنامهٔ « تان » منطبع پاریس بموجب کاغذ خبرنکار « رؤم » میکوید . در نهایت وثوق آکاهی حاصل نمودیم که ازجانب وزارت جنك ایتالی بهمهٔ کوماندانان وفرماندهان اردوها بطورمؤکد حکم داده شده است که نواقص اردوهارا بسرعت هرچه تمامتر تکمیل نمایند .

﴿ نشان ﴾

از قراریکه آکاهی حاصل نمودیم از جانب دولت اوستریا بجناب مستطاب اجل اشرف عالی آقای « امین السلطان » وزیر اعظم دولت علیهٔ ایران نخستین درجهٔ نشان « لیو پولد » باحمایل مخصوص آن .

و بجناب جلالتمآب آقای نریمان خان سفیر دولت مشارالیها مقیم وین نیز نخستین درجهٔ نشان « کورون دوفر » باحمایل آن . و بسایر حضرات ملتزمین رکاب همایون هم ازدرجات مختلفه نشانها داده شده است .

وهمچنین ازجانب سنی الجوانب اعلاحضرت پادشاه ایران نیز به بسیاری از وزرا وصاحب منصبان لشکری اوستریا ازرتب مختلفه بفراخور حال هر یك نشانها داده شده است .

﴿ اوستریا ﴾

ازقراریکه در روز نامهای « وین » دیده شد بمناسبت تمام شدن موسم تابستان وشکستن سورت کرما وحصول اعتدال درهوا عنقریب عساکر اوستریا که در اردوکاههای « کالیچیا » و « بوهمیا » ومجارستان هستند بقرار معمول همه ساله بمشق تیراندازی شروع خواهند نمود .

چنانچه معلوم است اعلا حضرت ایمپراطور اوستریا خود نیز درمیدان مشق این اردوها حضور بهم رسانیده حرکات لشکر وتیراندازی آنانرا برأی العین مشاهده خواهد نمود .

ولی درخصوص دیدن این مشق وتیراندازی عساکر اوستریا قراری تازه کذاشته شده است که برخلاف قواعد معمولهٔ دیرین است چنانچه دولت مشارالیها « آتشه ملیتر » های دولتهای المان وایتالی را که باخود متفق است برای دیدن وتماشای مشق عساکر اردوکاههای « کالیچیا » و « مجارستان » هردو دعوت نموده ولی اتشه ملیترها « یعنی صاحب منصبان نظامی » سایر سفارتخانهارا تنها برای دیدن حرکات ومشق عساکر اردوی « بوهمیا » دعوت کرده است لهذا اینمعنی در بعض محافل سیاسیه موجب پارهٔ کفتکوها شده است .

﴿ بلندی مقام اسلامیت ﴾

اینروزها با یکی از هموطنان با بصیرت که در صفحات فرنکستان وآمریك سیاحت ومسافرت نموده بود شرف ملاقات ومصاحبت دست داد . دراثنای صحبت تفصیلی از ایشان شنیده شد که الحق درانظار یکا نکان دلیل بلندی مقام اسلامیت واز اسباب مباهات اسلامیان است .

چنانچه نقل نمودند درهنکام عزیمتشان از « لیور پول » بشهر « نیورك » که لنکرکاه آمریك است یکی از واپورهای کومپانی « کونارد » سوار شده اند . این کومپانی انکلیس است وچهل وسه سال پیش ازاین تشکیل یافته اکنون دارای چندین فروند واپور میباشد که

روز نامهای نیم رسمی برلین میکویند این فقره پیش از سفرلندن اعلا حضرت ایمپراتور برالمانیان واضح بودکه درهنکام سیاحت جنرال « وانووسکی » وزیرجنك روس بخاك فرانسه درپاریس مقاوله‌نامهٔ اتفاقی درمیان اولیای دولت فرانسه ومشاراليه بطور موقت امضا شده است ٠

« شیوع خبرهای استعفای مسیو « تیزا » »
« رئیس وزرای مجارستان »

ازقراریکه بعضی از روزنامهای « وین » میکویند ٠ مسیو « تیزا » رئیس وزرای مجارستان درصدد استعفا از ریاست بوده است کویا پیش از حرکت نمودن اعلاحضرت ایمپراتور اوستریا ازموقع « اوستنده » مشاراليه بدأنجا رفته در حضور اعلاحضرت « فرانسوا ژوزف » ایمپراتور ازماموریت خود استعفا نموده است ٠

میکویند وزیر مشاراليه ازراه مصلحت جوئی ودولتخواهی بایمپراتور مشاراليه عرض نموده است که ٠ کونت « ژوزف زیچی » را بجای اوبکمارند ٠ ولی ازقراریکه روایت میشود کونت « کالاکه » وزیر مالیه بجای اومنصوب خواهد شد ٠

﴿ ایمپراتور المان ﴾

بموجب خبرهای تلغرافی اعلا حضرت ایمپراتور المان دراین نزدیکیها بلحاظ حضور داشتن درجشن زفاف پرنسس «صوفی» همشیرهٔ خود بانواب ولیعهد یونان بشهر «آتن» عزیمت خواهد نمود ٠

میکویند یکدسته ازکشتیهای جنکی انکلیس ودستهٔ نیز ازسفاین حربیهٔ ایتالی دراین سفر باحترام این جشن بلنکرکاه « پیره » که ازبنادر یونان است فرستاده خواهد شد ٠

یکدسته ازکشتیهای جنکی المان نیز درلنکرکاه مذکور خواهد بود ٠

روز نامهٔ « کورسپوندانس پولتیك » منطبع برلین بموجب اطلاعاتی که ازبرلین حاصل نموده است میکوید ٠ چون اعلا حضرت ایمپراتور المان دراین نزدیکیها درنسور کشت وکذار بعضی ازممالك ایتالی وازآنجانیز درصدد سیاحت « آتن » پایتخت یونان است لهذا ممکن نتواند شد دراین موسم بااعلا حضرت ایمپراتور اوستریا بقرار سالهای پیش درتیراندزی وصید افکنی همراهی نماید ٠

﴿ بقیه ازمقالهٔ فن کفتن ونوشتن ﴾

درکثرت معانی مختلف هیچ زینتی فایق ترازآن نیست که ابتدا از اولیات وامور ضروریه نماید ونظریاترا برروی آنها بکذارد وبعبارت اخری معانی واضحه‌را بایکاه معانی نظریه قرارده تاهنکام عبرت نقطهٔ فکر مخاطب بر خط استوا حرکت نماید وازمعلومات بمجهولات باسانی بکذرد بجه هرکس درنهایات سراسیمه ماندمسبب آن است که اولیاترا بخوبی تصور ننموده ٠

« التزام صنایع »

هوس واشتیاق نوشتن‌را هیچ مخلی بدتراز التزام نکات درهرجای کلام‌نیست‌که سطح‌سادهٔ کلام‌را مراعات این نکات ثاقبه همچون مثقب حدید مشبك وسوراخ میسازد ٠

وضوح ولمعان یکسان ولازم الوقوع یك جرم‌را دریك نوشته چیزی مخالف ترازانشراره نمی تواند بود که ازروی تکلف بالتقای کلمات حاصل میشود وچشم مارا دقیقهٔ چند ازروشنی خیره نمی‌سازد بلکه ابدا تیره‌میدارد اینها خیالا تیست که نمی درخشد مکر بطریق مضادة وتناقض یکطرف مطلب را بنظر مزین مینماید وسایر اطرافش‌را از نظر میر باید لمعات درخشان ان نکات ثاقب کاهی چنان فروزان وآرزوی تماشای دیده میشود که نظر از بس مفتون باشمهٔ مشعبد آنهاهی کردد ازماق معایب ونواقص غفلت میورزد وآن بوا لعجبیها پس ازیك طرفة العین بمثابهٔ فسفوری تابنده باشهای فروزنده از میان برمی خیزد همینکه چشم بندیهای عشقی زایل شد وبه‌نظر ثانوی دران الواح ورقوش رخشنده امعان وتامل کردند جز مادهٔ ظلمانی موحش وهیئتی غاسق چیزی مشاهده نمی شود وبقیهٔ ازآن‌سراب بقبح بنظر نمیآید وشرارهٔ آن شعبده بازی یکدفعه فرو می نشیند واغلب اوقات طرف مختار نقطه یازاویه ایست که هر چند ارباب احساسات عمیقه ازان طرف دور بشوند درطرف دیکر ذهن‌را آسان ترمشغول می‌سازند ٠ درمیان بلغای متقدمین ومتاخرین نظم ونثرسعدی از آن سبب بحسن ترکیب ممتاز وضروب امثال کشته کهاین چیزهارا اولامراعات‌نکرده واکراحیانا ٠ جائی رعایت نموده بطوری درملایمات اجزاء کلام کنجانیده وآنرا بطرزی فصیح ومعتدل ساخته‌که خواننده دربادی نظر ابداً ملتفت نمی کردد واکر ملتفت شودکمان می کنند که این مراعات بحسب بخت واتفاق تصادف کرده وبالذات مقصود کوینده نبوده ٠

بایهٔ شرافت آیات سعدی از اینجا معلوم میکرددکه ازشایبه وریب هرکونه تصنع وخود سازی ومراعات التزام هرکونه‌نکات چنان‌ساده وعاری‌است که کویا رایحهٔ مجاز واستعاره استشمام نکرده وجز حسن خداداد طبیعی پیرایهٔ برخود نبسته واکر احیانا درآنها جملهٔ برسبیل تمثیل وتشبیه دیده میشود از این قبیل نیست بلکه تمثیلات وتشبیهات در آنجاعین بیان واقع وکشف حقیقت‌است ٠ لهذا درضمن تمثیلات آن بیان‌محکم بنیان حقایق هر چیزرا میتوان فهمید وسرتا پای آن کلام صرف حقیقت وعین واقع است وبس ٠ بی هیچ‌ارایش‌وساختکی ٠ حاجت‌مشاطه‌نیست روی‌دلارام‌را ٠

همچنین بلاغت حقیقی‌را هیچ چیز مخالف تراز استعمال آن خیالات دقیق غیر استوار واحساسات عمیق وناپاید ارنیست‌که مانندأوراق خفیفهٔ فلزات میدرخشند تا ازصلابت ورزانت محروم نشوند وهمین درخشندکی دلیل کمال خفت ورقت آنهااست ٠لهذا هرچه بیشتر دریك نوشته ازاین خیالات دقیق ورقیق ورخشان بکاربرند تناسب ووضوح واثر وقوت شیوهٔ کلام کمتر میشود مکر اینکه مقصود خود همین معنی بود ومؤلف‌را غرضی جز استهزا وتزییف نباشد ٠ آنکاه شاید که استعمال معانی رقیق از معانی متین دشوارتر نماید محسنات طبیعی‌را هیچ‌سبب مانعتراز ارتکاب آن‌تکلفی که دربیان چیزهای عادی ومتعارفی بصورت‌مطنطن وغریب برخود هموار می‌کنندنیست ٠لطایف‌سخن‌را هیچ چیز بیش ازین ضایع ومحو نمی سازد ٠ ونویسنده‌را هم بجای اینکه نوشته اش‌را بدیع ومستحسن شمارند بالعکس خوانندکان ارتکاب آنهمه زحمت کشیدنهای او مرحمت میآورند که بیچاره بسی معطل کشته ووقت بسیار فوت نموده وپس از آنهمه مشقت وزحمت آخر چیزی را کفته که

همه مردم آسان تر وخوب تر توانند گفت واین
حال است که اهل معانی بیان «خرط قتات» نامندیا
اکل ازقفا وفارسیان شکار خوك تعبیر آورند .
واین عیب ازکسانی ناشی است که اگرچه صاحب
فضل وعلمند اما ذهنشان عقیم وذوق وسلیقه
ایشان غیر مستقیم است الفاظ بسیار دانند اما
تصرف درمعانی نتوانند عبارتی بافته ومی پندارند
که نقدالفاظ نموده اند وحال آنکه بجهة انحراف
معانی بیچاره الفاظ را نیز فاسدوتباه ساخته اند این
نویسندگان روح بیان دردستشان نیست بلکه
شبح بیان را دارند . قوالب ثقیلهٔ الفاظ را باید
ارواح لطیفهٔ معانی خفیف ومتحرك نماید نه اینکه
مانند نقش بردیوار جری مصمت بماند . ویا چون
صخرهٔ جنی پیکری غیر متناسب بغلظت وکثافت
سرشته باشد لاجرم ازبرای سوق کلام باید
سراپای موضوع را احاطه واستقرا نمود
وبقدریکه ترتیب خیالات خود را روشن بتوان
دیدن وبقالب تسلسل وتوالی دادن که هرنقطه
ش مظهر خیالی باشد توان ریختن معانی وصور
فکریه را درهیئتی مرتب آورد . وهمینکه قلم
بدست گرفته شد باید پیوسته این نکتهٔ اولیه را
ازدست فرونگذاشت وازین مسمار نباید بیرون
رفت وازمهٔ براعت را مالك بایدبود بی آنکه
رخصت انصراف ازطریق باو داده شود وبی
نکه باعدم احتوائی بسیار براو استناد واعتماد
کنند ومیدانی زیاده از آنکه میتواند قطع
نند باو واگذارند تا کلام مرزن شود .
رزانت کلام عبارت ازاین است واین
است که سخن را ممهد ومسهل مینماید وعنان
ندی وتیزی خنك فرهنگ را می گیرد ولگام توسن
سرکش قریحهٔ متندر صرپرصرا نگاه میدارد
تنها همین معنی برای ایجاز وبساطت وروشنی
جانداری وروانی کلام کفایت میکند .

« تنسیقات کلام »

بدن قاعدهٔ کلیه که مرمشق قریحه است
کر لطافت وسلیقه افزوده شود . واگر در
ختیار تعبیرات وقت ودر ایراد معانی با
صطلاحات خاصهٔ متعارفه دقت ورویت هم
ملاوه کردد کلام خالص وپاك وبانباهت می
ود واگر ازهمان برداشت وابتدای طرز افاده
ز چیزهائی که محض رونق وطمطراق است
جتناب واحتراز کنند واز ابهام واستهزا خود

داری نمایند کلام متین ورزین میگردد .

« باقی دارد »

﴿ استقراض حکومت بلغارستان ﴾

پیشتر نوشته بودیم که حکومت بلغارستان
درصدد آن است که برای پارهٔ مخارج مقتضیه
از صرافخانهای فرنگستان استقراضی بکند
حال از قراریکه در روزنامها دیده شد حکومت
مشارالیها این تصور را ازقوه بفعل آورده
معادل یك ملیون لیرای انگلیسی ز صرافخانهٔ
آمریك قرض نموده است .

گویا بموجب مقاوله نامه داین مبلغ مذکوررا
درچهار قسط دادنی بوده قسط نخستین آنرا نیز
در لندن بمامور مالیهٔ بلغارستان تحویل داده
است وسه قسط دیگررا هم درموعد معین خواهد
پرداخت .

﴿ اعلا حضرت ایمپراطور المان ﴾

اعلا ایمپراطور المان که درضمن رسیدگی
ومعاینهٔ اردوها درگشت وگذار بود درپنجم
همین ماه سپتامبر فرنگی بشهر « درست » وارد
شده است .

رئیس بلدیهٔ شهر مذکور هنگام پذیرائی از
ایمپراطور مشارالیه خطابهٔ خوانده ضمنا اظهار
داشته است که . اهالی « درست » اطمینان
کامل دارند از اینکه افواج « ساکسون » باز
بتازگی اثبات خواهند نمود که حامی مقتدر وطن
هستند . هرگاه دشمنان وبدخواهان مملکت
امر محافظت صلح وآسایش عمومی را برهم زده
نگاهداری آنرا ازدایرهٔ امکان بیرون بیاورند
تمامی افواج بهادر وصف شکن « ساکسون »
درنخستین حکم واشارهٔ ایمپراطوری سرقدم خواهند
ساخت ودرنهایت مسرت بمیدان جنگ شتافته
بکوشش تام وننك خواهند پرداخت . چون میدانیم
مقصود اعلا حضرت ایمپراطوری بطور صمیمی
نگاهداری امنیت وآسایش عمومی ومنع خونریزی
است ازآنرو لشکریان المان ازدل وجان باخصال
غلبه خواهند کوشید . ذات اعلا حضرت
ایمپراطوری را بنظر حامی اعظم صلح ومسالمت
دیده ازآنرو سوگند صداقت خود مارا
بدآنحضرت تجدید مینمائیم .

﴿ سیاحت اعلاحضرت پادشاه ایران دروین ﴾

دریکی از نسخهای پیش تفصیل ورود
موکب همایون اعلا حضرت پادشاه ایران را
بخاك اوستریا ازروی روزنامهای اروپ اجمالا
نوشته بودیم . حال مکتوبی ازخبرنگار اختر که
بشرف التزام موکب همایونی مباهی بود
ودارای اطلاعات کامل باداره رسید اگرچه
بسبب اشتباهی که درعنوان مکتوب شده بود
در وصول آن تاخیری روی داد . ولی چون
مندرجات آن مقرون بصحت وبیان واقع بود ذیلا
درج مینمائیم .

﴿ صورت مکتوب ﴾

چنانچه در ضمن خبرهای تلگرافی نوشته
شده بود موکب بندگان اعلاحضرت پادشاه ایران
روز بیست ویکم آوماه فرنگی بشهر « شالسبور »
که درصفا ونزهت طاق ودرخوبی وزیبائی
مشهور آفاق است شرف ورود ارزانی فرموده
بجهة صفای طبیعی که آن شهر را است دوروز
درآنجا اقامت وبعض مواقع عمده را تماشا فرموده اند .
ازجمله بکوه « کاسبرون » که ازجبال مرتفعهٔ
مشهوره ویکهزار ودویست قدم ارتفاع
دارد وتاذروهٔ آن راه آهن کار میکند
تشریف فرما شده درآنجا باتمامی ملتزمین رکاب
همایون عکس انداخته پس ازقدری تماشا دوباره
بشهر معاودت فرموده اند .

روز بیست وسوم ماه مذکور موکب
همایونی باترنهای مخصوص ازآنجا بسوی « وین »
حرکت نمود . درعرض راه وایستاسیونها
همه جا انبوهی از صاحب منصبان لشکری
وکشوری اوستریا وجم غفیری ازاهالی باستقبال موکب
فرخنده کوکب شتافته صدای « زنده باد » را
بفلك میرسانیدند .

اعلا حضرت پادشاه مشارالیه همانروز
طرف عصری وارد « وین » گردیده . اعلا
حضرت ایمپراطور اوستریا باتمامی شاهزادگان
واعضای خانوادهٔ ایمپراطوری ووزرای بزرك
بالباسهای رسمی تاایستگاه راه آهن مهمان محترم
خودشان را پیشواز کرده اند . بمحض توقف « ترن »
ایمپراطور مشارالیه پیش آمده بااعلا حضرت
پادشاه ایران دست داده درنهایت احترام ومحبت
مصافحه نموده اند . پس از احوال پرسی ومعرفی

ازقراریکه آکاهی حاصل نمودیم جناب فخامت نصاب آقای میرزا محمعلی خان ناظم الملک که درمشهد مقدس بسمت کارکذاری امورخارجه اقامت داشت ازجانب اولیای دولت علیهٔ ایران درضمن استحصال پارهٔ اطلاعات مقتضیه ازوضع سرحدات ممالک محروسهٔ ایران بطهران احضار شده است که قبل از ورود موکب همایون اعلا حضرت پادشاه ایران درآنجا حاضر باشد ٠

چنانچه معلوم است آقای ناظم الملک باقتضای کمال کار آکاهی وبمناسبت مامور یتهای متوالی که مدتهای متمادی درسرحدات مملکت داشته از وضع حدود وثغور دارای وقوف تمام واطلاعات مالاکلام است لهذا درخصوص سرحدات استشارهٔ اولیای دولت ازایشان دلیل اهمیت کار است ٠

﴿ فرانسه وروس ﴾

منشی اول روزنامهٔ « نوویه‌وره میا » منطبع پترسبرک که چندیست بعزم تماشای بازارکاه عمومی درپاریس است از آنجا مکتوبی باداره روزنامهٔ مذکور نوشته ودرآن اظهار داشته است که ٠ این بازارکاه عمومی که بهمت بلند فرانسویان خیرمند ترقیخواه ومدنیت پرور ترتیب یافته است تماشای آن دانشمندان تمامی اقوام وملل روی زمین را ناچار ازستایش وتمجید فرانسویان داشته است ٠ این بازارکاه عمومی بدین پیرایه وآرایش که منظور نظر حیرت است دلیل بلندی همت ونمونهٔ اقتدار وقوت دولت وملت فرانسه است که شهر پاریس را مانندیکی ازبلاد دریا کنار آراسته واثبات نموده‌اند که وضع این شهر لیاقت آنرا دارد که همه ساله درآنجا یک بازارکاه عمومی ترتیب بشود ٠ وبرای حصول این مقصود که متوقف بصرف چندین ملیونها پول است دکاوت وغیرت ومساعی تعمیم مدنیت اهالی فرانسه که قومی نجیب وتوانکرند کافی است چه در جنب همت بلند ایشان هرکار بسیار صعب ودشوار سهل وآسان مینماید ٠

ولی جای حیرت وافسوس است درحالتیکه فرانسویان مشغول ترتیب وآرایش این آثار مدنیت وترقی که ازنخستین وسایل صلح وآسایش است هستند ازسمت جنوب بشمال واز شمال بجنوب بعض ابرهای تیره وتاریک بلا که بجز باران جنک وخونریزی ازآنها نتواند بارید درحرکت بوده وهست ٠ وآنانکه خود شانرا حافظ صلح وصلاح ونکاهبان آسایش وفلاح پنداشته وبدآن میبالند بخلاف فرانسویان که هوا خواه صمیمی صلح ومسالمت اند درهرمورد مضنا زیها ونطق پردازیها میکنند ٠ وهرسو باجرای مراسم عرض لشکر که نمونهٔ ازجنک است میپردازند وخطابهای متضمن کنایات وتهدیدات میخوانند ٠ ودرحالتیکه سروبر خودشانرا باخود ومغفر وشمشیر وخنجر آرایش داده‌اند عنوان صلح جویی برخود می‌بندند غافل ازاینکه صلح وصلاح خود از این حرکات ایشان بواهمه اندر است ٠

الحق جای داردکه بکوییم امروز حامی وحافظ حقیقی وصمیمی صلح ومسالمت دولتین روس وفرانسه اندوبس چه این دو دولت ترقیخواه همیشه قولا وفعلا اثبات نموده‌اندکه عن صمیم القلب خواهان بقای صلح وآسایشند وهیچوقت نمیخواهند که قوت واقتدار خودشانرا در اخلال اساس آشتی وآرامش بکار ببرند ٠

لهذا بقوت قلب میکوییم دولت وملتی که امروز درحفظ اساس صلح ومسالمت مهیای هرکونه سعی وکوشش است همانا دولتین روس وفرانسه است ٠

—

روزنامهٔ « نوو ونان » منطبع پترسبرک نیز از خطابهای مسیو « دوفرسینه » وزیر جنک وجنرال « بیریل » فرمانده اردوی ششم فرانسه که متضمن اصلاحات وتنسیقات تازهٔ عساکر دولت مشارالیها ست سخن بمیان آورده میکوید ٠ هواخواهان صلح ومسالمت درباب نکاهداری آسایش بدولتین فرانسه وروس امنیت واعتماد توانند نمود واوکه درمیان ایشان عهدو پیمان اتفاق بسته نشده باشد ٠

﴿ بقیه ازمقاله کفتن ونوشتن ﴾

خلاصه اکر بهمان نحوکه تصور کرده‌اند بهمان نحوهم بنویسند ودر تفهیم آنچه میخواهند بفهمانند مطمئن باشند این اطمینان فی حد ذاته از آنجاییکه بحال دیکران مناسب است وکلام حقیق هم عبارت ازآن است موجب تمامی تاثیر وغایات ثمرات آن میشود ٠ بشرطیکه این اطمینان ذاتی را باشوری مفرط ومبالغه ناک ایراد نکنند ٠ ودرهرجا طرف جاب را باعتقاد وطرف معقولیت را بحدت غالب سازند ٠ قواعد جای قریحه را نمیکیرد اکر قریحه ناقص است قواعد بجایی نمی رسد وبکاری بر نمی خورد ٠ خوب اندیشیدن ٠ وخوب دریافتن ٠ وخوب ادا کردن ٠ همه بایکدیکر است ٠ تصور وتصدیق وحکم همه جاباهم میآید ٠ وعقل وناطقه وسلیقه داشتن همه ازروی هم پرورش میپذیرد ٠ کلام تمام عبارتست ازتجمع وتدرب همهٔ قوای معنوی بایکدیکر ٠ تصورات تنها اساس کلام را مؤسس میکند ٠ تطابق وتوافق الفاظ تنها توابع آن است وموقوفست بدریافتن آلات نطق ٠

﴿ حسن اقتباس ﴾

برای اجتناب ازرکاکت وتنافر اندکی سامعه کافی است واعتیاد واستکمال آن بواسطهٔ تتبع وتصفح دواوین شعرا ومصنفات ومدونات خطبا برای کسب اقتدار تقلید طرز واسلوب نظم ونثر نویسان کفایت میکند ٠ پس ازین قرار هرکز تقلید بخودی خود چیزی ایجاد نکرده همچنین مطابقت وموافقت الفاظ نه اساس کلام ونه طرز افادهٔ آن است واین معنی اغلب درکلامی یافت می‌شود که ازمعانی خالی است ٠ افادهٔ معانی همان موافقت کلامست باذات موضوع ومطابقت آن باقتضای حال ٠ افادهٔ کلام هرکز ازروی تکلف وتعسف نباید بود ٠ خود بنفسه از اساس مطلب متولد میشود ٠ وبنقطهٔ که مقصود بالذات است می پیوندد ٠ اکر آنرا درهمان درجه محافظت کنان ذهن متکلم آنقدر مواد بتواند تدارک کرد که بهر چیزی پرتوی وفروغی قوی بدهد اکر بفصاحت ذاتی پیرایهٔ صنایع وبدایع هم میتواند بست ٠ واکر بتواند معانی را باصورتی سخت وپایانی خوش ادا کند ٠ وازهر نتیجه معانی متطابق ومتوافق وجاندار ترسیم نمایند طرز افاده عالی وجامع میشود وشان کلام ارتفاع تمام می‌پذیرد ٠

معانی ومضامین را بعینه ازجای دیکر اقتباس نمی‌توان کرد والفاظ وعبارات را ازجایی بجایی بدون تغییر نقل نمی‌توان نمود ٠ چیزی که هست الفاظ وعبارات دیکران متکلم را مستعد میکند ازبرای تصاویر لطایف ومجاملات عادیه وازنظر کردن بالفاظ ومعانی دانشمندان ٠ ذهن رفیق

پارهٔ مواد برای خود تدارك میکند که آنهارا درمحل خود بهیأتی مناسب وتمام ایراد میتواند کرد . خاصه که این معانی با مقصود بالذات او مناسبتی داشته باشند . واما معانی بدیعه از خاطر وطبع متکلم اشراق می‌کنند بدون استناد بالفاظ وعبارات احدی .

وقبل ازانکه آن معانی مخترعه عرضهٔ تداول ودستخوش محافل خردمندان بشود چندان رشاقت ولطفی ازآنها بخودی خود ظاهر نمی‌کردد ودرنظر خواننده بسیار بعید الذهن وعسیر الفهم می‌نمایند .

﴿ بقاء تالیف ﴾

آنچه دست بدست میکردد ونسل بنسل پایدار میماند همان تالیفاتی است که مطابق حقیقت وواقع نوشته شده کثرت معلومات وغرابت وقایع وتازکی اکتشافات هم ضامن بقاو جاویدی تالیف نمیتواند شد . اکر تالیفی که متضمن اینهاست تنها باچیز های جزئی درآن اشتغال کرده باشند واکر بی سلیقه ورکیك وبی روح نوشته شده باشد آن تالیف ازمیان میرود چرا که معلومات ووقایع واکتشافات خود بخود برداشته ونقل می‌شود . وسهل است که بچیره دستی دیکری صورت خوشتر وبهتری پذیرد . این مطالب ازذات انسانی خارج است کلام شو ذات انسانی است . پس کلام خودنه برداشته میشود نه نقل وتحریف می‌کردد . واکر کلام عالی وپاك باشد متکلم نیز همیشه محل حیرت واستحسان خواهد بود .

(باقی دارد)

﴿ راههای آهن آسیای میانی ﴾

روزنامهٔ « دیلی » بموجب مکتوب خبرنکار لندن میکوید . اقدامات مجدانهٔ دولت روس درباب ترقی راههای آهن سمت آسیای میانی برهمه کس معلوم است که امروز فی‌الواقع شهرهای پترسبرك و « مسکو » بسمرقند وبخارا و « مرو » و « خراسان » پیوسته وعنقریب است که بشهر « تاشکند » منتهی بشود .

انکلیسان ازاین اقدامات دولت روس خیلی بهم برآمده میکویند این اقدامات دولت مشارالیها درآنصفحات نه‌تنها اسباب پیشرفت مقاصد سیاسیهٔ آن دولت خواهد بود بلکه منافع واهمیت تجارتی آن بیش از اهمیت ومنافع سیاسیه است لهذا کار آکاهان انکلستان ازاینمعنی خیلی متأسفند میخواهند که بقوت نطق وقلم دولت انکلیس‌را هم بدآن وادارند که او نیز راههای آهن هندوستان‌را بشهر های کابل وقندهار پیش برده شعبهٔ نیز بممالك ایران منتهی سازد تادایرهٔ مقاصد دولت روس‌را زیاده براین وسعت حاصل نیابد .

چنانچه مسیو « فورزون » از اعضای انجمن جغرافی انکلستان چند روز پیش ازاین لایحهٔ دراینباب بانجمن مذکور تقدیم نموده است که مندرجات آن مؤید این کفتار است . مسیو « فورزون » درلایحهٔ مذکور میکوید . اکنون بمناسبت زیادی راههای آهن روس تمامی تجارت « بخارا » وافغانستان وقسمتی از ممالك ایران منحصرا دردست تجار روس است . چندیست که در ممالك افغانستان وقسمتی بزرك ازایران دایرهٔ تجارت روس‌را خیلی وسعت حاصل آمده روز بروز تجارت انکلستان درآن صفحات در تنزل است . ازمملکت بخارا هم که مدتی است رشتهٔ روابط تجارت انکلیس بالمره قطع شده‌است بعلت اینکه مملکت مذکور کاملا در تحت نفوذ دولت‌روس است بپایهٔ که میتوان کفت امروزه آنجا مانند یکی از ایالات دولت مشارالیها است . علاوه براینها تمامی خاك ترکستان از « مرو » کرفته تا « کاشغر » ودهنهٔ ممالك چین جولانکاه نفوذسیاسی وتجارت آن‌دولت است وچندی نخواهد کذشت که بتدریج دایرهٔ این نفوذ وتجارت بداخل حصار چین خواهد رسید .

درسمت جنوبی افغانستان که پیش از این تجارت انکلستان فی‌الجمله رواج ورونق داشت اینروزها که تجارت روس ازسمت شمالی آنجا داخل شده‌است آن نیز روز بروز درتنزل است . امتعهٔ ممالك روس رونق بازار متاع انکلیس را درهم شکسته‌است .

موی‌الیه پس ازاین تفصیلات میکوید دولت انکلیس‌را است که پس ازاین برخلاف زمانهای کذشته بدین ترقیات نفوذ وتجارت دولت روس درسمت آسیای میانی بدیدهٔ بی اعتنایی ننکرد . ووضع افغانستان را ازمد نظر دقت دور ندارد . وبلکه خاطر بهپیشبندی نفوذ وتجارت روس بکمارد . تااینکه اقلا تجارت انکلستان درآن مملکت ازرقابت تجارت روس ایمن کردد .

اکرچه علی‌الظاهر مقصود مسیو « فورزون » از این کفتار یاد آوری واخطاری بدولت انکلیس دربارهٔ افغانستان است که درآنجا نفوذ خودرا زیاده براین قوت بدهد . ولی معلوم است که مقصودش دیکر است میخواهد که دولت انکلیس افغانستان را بیش ازاین تابع حکم وفرمان خود دارد یعنی آنجارا بکلی زیر حمایت خود بیاورد اما نمیتواند اینمعنی‌را بی‌پرده اظهار بکند این است که کاهی بنعل وکاهی بمیخ میزند ونام آن استیلای متصور را توسیع دایرهٔ تجارت وتقویت نفوذ میکذارد . ونفوذ دولت روس‌را درسمت آسیا ووسعت یافتن دایرهٔ تجارتش‌را وسیله واسباب این مقصود می‌شمارد .

باری موی‌الیه درلایحهٔ خود نوشته‌است که . دولت انکلیس هم درمقابل این همه ترقیات راههای آهن روس درسمت‌آسیای میانی بایدراه آهن هندوستان‌را تا « کابل » و « قندهار » برساند . مسیو « فورزون » میکوید بساط تجارت انکلستان ازسمت ممالك شمال وغرب ایران بالمره برچیده شده‌است رواج دادن آن دوباره‌در آنصفحات خیلی مشکل است ولی درسمت جنوبی ممالك مذکوره دایرهٔ آنراوسعت دادن ممکن است وحصول این مقصود نیز بسته بساخته شدن راههای آهن چه‌زمان آن‌کذشته است که امتعهٔ تجارتی درپشت اسب واستر نقل بشود . اکنون برای تسهیل مراودات تجارتی باایران لازم‌است که از بعض نقاط راههای آهن ساخته شود تابدآنواسطه اسباب روابط محکم کردد وراه آهن بلوجستان ببعض‌ولایات عمدهٔ ایران مانند « سیستان » و « کرمان » و « یزد » و « اصفهان » مربوط شده درثانی رشتهٔ نیز بطهران و « کرمانشاهان » منتهی بشود . تاآنوقت اساس تجارت انکلستان را دراین ممالك ومضافات آنها استقرار واستواری حاصل آید . اکرچه ساختن اینهمه راههای آهن دربادی نظر دشوار مینماید . ولی در صورتیکه بدینمعنی اهتمام بشود معلوم خواهد شد که درجنب همت نمودی نخواهد داشت .

مسیو « فورزون » میکوید . امروزتکلیف

❖ افغانستان ❖

روزنامهٔ «تایمس آف اندیا» که در هندوستان طبع ونشر میشود بامیر افغانستان درخصوص تنبیه سرکشان مظالمی نسبت میدهد که عقل ازقبول آنها ابا میکند .

از جمله روزنامهٔ مذکور میگوید . جان محمد خان خزانه دار سیصد تن از ترکستانیان افغان را که بتقصیر شورش ونافرمانی گرفتار نموده بود بحکم حضرت مستطاب امیر عبدالرحمن خان بشهر کابل نقل داده امیر مشارالیه ازغایت غیظ وغضبی که دربارهٔ آنان داشت حکم داده است که هرروز سه تن ازآن گرفتاران را ازقید حیات رهایی بدهند . ولی قراریکه درقتل آنان داده شده است مایهٔ مزید تعجب است .

بقول آن روزنامه عوانان افغان بامر امیر مشارالیه سه تن ازآن کشتنیان را روزی لباس سبز پوشانیده بدار کشیده خفه میکنند . وروز بعد سه تن دیگررا رخت سرخ دربر کرده سرشان میبرند . وروز دیگر سه نفررا لباس سیاه داده بدهن توپ بسته لباس هستیشان را بشعلهٔ تیره فام باروت میسوزانند . وبدین حساب قتل این سیصد نفر دریکصد روز بپایان خواهد رسید .

چون روزنامهٔ مذکور ازقدیم راوی مظالم حکام اسلام است واغلب گفتارش معلل بغرض ونفسانیت لهذا میتوان گفت که این تفصیلات نباید باین طورها که اونوشته است باشد چه سایر روزنامهای هندوستان همچنان خبری از افغانستان ننوشته اند سهل است که بالعکس از مراتب عدل وداد ولطف وملایمت امیر مشارالیه دربارهٔ قاطبهٔ رعیت تفصیلها مینویسند که منافی مندرجات روزنامهٔ مذکور است .

از جمله روزنامهٔ «اکلیل» منطبع «کراچی بندر سند» که برحسب قرب مکان سخن اودر حق حکمران افغانستان طرف اطمینان تواند بود بموجب اطلاعات خود درخصوص وضع آنسامان تفصیلی نوشته است که برای دست آمدن میزان صدق وکذب مطلب اجمال آنرا ذیلا مینگاریم .

روزنامهٔ مذکور میگوید . بموجب اطلاعاتی که حاصل نمودیم خطهٔ افغانستان قرین نظم وآسودگی تمام است ازکمال یاسای امیر عبدالرحمن خان احدی را یارای آن نیست که بزیردستان ظلم وستم نماید . بحکم امیر مشارالیه درهر جا صندوقی مانند صندوق پوست گذاشته شده ودربالای آن بخط جلی نوشته است که . «هرکس را ستمی رسیده وعرضی داشته باشد معروضات خود را نوشته بدین صندوق بیندازد هرآینه برذمت من است که ازروی دقت درعرض اوغور رسی نموده لوازم دادخواهی وداوری را بعمل بیاورم . ولی هرکس عرض خود را از من پوشیده دارد برمن وبالی نیست .»

بااین حال اسناد آن مظالم ناروای روزنامهٔ «تایمس اف اندیا» بامیر مشارالیه راست نمیاید .

بموجب کاغذی که ازتفلیس نوشته اند اعلا حضرت پادشاه ایران روز یازدهم محرم نزدیک بغروب باقتضای اخلاص وارادت صمیمی باهل بیت نبوت واستفاضه ازذکر مصیبت حضرت سیدالشهدا علیه وعلی جده وابیه آلاف التحیة والثنا بمجلس روضه خوانی که درجنرال کونسلگری دولت علیهٔ ایران برپا بود تشریف فرماشده ازفیض ومثوبات آن مجلس ملائک انیس بهره مندی حاصل فرموده اند . وپس از استماع مصایب ورزایای وارده برخامس آل عبا روضه خوانان وسادات ودراویش وسایر مستحقان را بعطایای شاهانه مستغنی داشته اند . مراسم عزاداری جناب معتمد السلطان آقای معین الوزاره جنرال کونسل آنجا زایدالوصف موجب خورسندی خاطر فیض مآثر همایونی گردیده طعام شام را نیز درجنرال کونسلگری تناول فرموده اند .

جنرال کونسل مشارالیه باوجود ضیق وقت وعدم فرصت باز درتهیه وتدارک اسباب استراحت ذات خجسته صفات همایونی بوجهی فروگذاری ننموده بوجود مسعود ملوکانه خیلی خوش گذشته جناب معین الوزاره را زیاده برآنچه متصور است مورد التفات ونوازش فرموده اند .

بندگان اعلا حضرت همایونی باقتضای رأفت وعاطفت وتوجه مخصوصی که درحق قاطبهٔ رعیت خصوصا دربارهٔ طبقهٔ تجار ذوی الاحترام مملکت دارند ازاعاظم تجار ایران مقیمین تفلیس که بار حضور یافته بودند ازکمال ترقی خواهی ازوضع تجارت ایشان ومال التجارهٔ که خرید وفروش میکنند پرسشها فرموده ومعروضات ایشان را بادقت تمام بذهن همایونی جاداده اند . این دقت ومیل خاطر ملوکانه بخصوص وضع تجارت برای حضرات تجار مایهٔ بسی امید واریها شده است . میگویند پس ازورود موکب فرخنده کوکب بمستقر جاه وجلال نتایج سود مند این سفر همایونی بتدریج بروز وظهور خواهد نمود . وبیش ازهمه بتسهیل امر نقلیات که عبارت ازتسویهٔ طرق وتنظیم شوارع است اقدام خواهد شد چه اینمعنی زیاده برهمه چیز درنزد ملوکانه ملتزم وازمکنونات خاطر خطیر همایونی بوده است .

❖ بقیهٔ ازمقالهٔ گفتن ونوشتن ❖

بنابراین کلام زیبا کلام زیبا نیست مگر بواسطهٔ حقایق بیشماری که افاده می کند وآن حقایق اگر ازقبیل معانی عالیه باشد که بمجرد ازماده حرکت می کند آن کلام مافوق طبیعت است . ومتکلم مادام که درصنعتی شریف ساحر نباشد ازادای آنگونه کلام عاجز وقاصر است هرچند که بحسب فرهنگ وادبیات اولین شخص شمرده شود .

ولی هرگاه قدم درعرصهٔ فوق الطبیعه نهاده باشد اگرچه بالمره عاری ازفنون ادبیات بود مقتدر برتادیهٔ آنگونه معانی وحقایق تواند شد که زبان از بسیاری دل تکلم میکند . وهرچند کلامش بطرزی ساده وسدید عاری ازحلهٔ صناعات مینماید اما همهٔ محسنات معنویه در او گنجیده است . وهمه مناسباتی که کلام حقیق ازآنها مرکب است هریک فی حد ذاته حقیقتی بهمان سان افاده میکند . واین اسلوب کلام منحصر بفیلسوفان عصر وحکمای بزرگوار است که ازقوهٔ مافوق طبایع سخن میگویند وکلمات آنان پراست ازحقایق که میتواند موضوع بحث صاحب هرفن وصناعت واقع شود . لهذا اغلب اوقات چنین اتفاق میافتد که ظاهر الفاظ وعبارات ایشان بی تکلفانه ادا شده

واز بعضی زواید ادبیه مجرد است اما درقوت ومتانت بحدی عالی وجامع است که سراسر از مطالب عالیه مشحون ومملوی باشد. پس این معنی مسلم و بدیهی است که علو هرکلام بپایهٔ بلندی موضوع آن تواند بود. وکلام عالی وجامع نمیتواند شدمکردرمطالب بزرك. موضوع شعر وتاریخ وطبیعت‌را موضوع یکی است وموضوعی است بزرك یعنی انسان وطبیعت حکمت طبیعت را تعریف وترسیم وشعر تزیین وتوصیف آن مینماید. انسانرا نیز توصیف میکند بزرك مینماید. ومبالغه واطراء درحق اومیکند. وپهلوانان وارباب انواع ازانسان می سازد. تاریخ تنها انسان را تصویر ومن حیث هو تعریف میکند . بنا براین افادهٔ مؤرخ وقتی میتواند عالی وجامع بود که توصیف مردمان بزرك کند وکارهای عمده‌ووقایع مهمه وانقلابات عظیمه‌را بیان نماید. درسایرمواضع همه‌جافی‌الجمله متانت ومهابت آن کافی است .

کلام حکیم می تواند عالی وجامع باشد وقتی که مشحون بود بقانون طبیعت ومطلق وجود. وفضای لایتناهی . وماده وهیولا. وذرات اکوان وحقایق عالم امکان . وحرکات مقولات ومتعلقات زمان ومکان . وجواهر مجرده چون روح ونفس انسانی . ومشاعر ومدارك . ودرسایر مواضع همین قدرکه ازرکاکت خالی وبنفسه عالی باشد کافی است . ولی‌کلام‌خطیب وشاعر همینکه مطلب اهمیت پیدا کند بدون مراعات نکات ادبیه ومضامین لطیفه نمی تواند عالی وجامع باشد . چرا که دردست آنهاست که بیزرکی موضوع خود بدایع وصنایع واستعارات وکنایات وتلمیحات وتلویحات بقدری که دلشان خواهد بیفزایند . وبالزوم تعریف واستعظام مورد درهرجا باید منتهای قوت وقدرت‌را بکار برده همه جودت قریحه وهنررا باز نمایند .

« صناعات خمس »

چون کلام مؤلف باشد از بدیهیات واجزای مقارنات کلام عبارت باشند ازچیزهایی‌که بذاته واضح وآشکار بوند . آن‌کونه کلام‌را برهانی وخداونداورا حکیم نامند . وناچاراست‌که همه وقت اساس بیانات خودرا براولیات‌وبدیهیات کذارد . ازقبیل فطریات وحسیات ومجربات .

وخداوند این طرز افاده همیشه باید از اغراقات واطرآءات ومضامین دلفریب‌والفاظ پارنك وزیب احتراز واجتناب نماید .

وهرکاه اجزاء تالیف عبارت باشد ازچیزهای غالب الوقوع ومرجع الوجود وکلمات عادیهٔ رایج المعامله که همیشه طرف استحسان ومقبول بین الناس است مانند نصایح ومواعظ وبعضی تحریکات وانبعاثات وتشویقات نطقیه آن کلام‌را خطابه وخداونداورا خطیب نامند .

(باقی دارد)

◆ کاز هوا ◆

چندیست که کومپانی کاز هوا دربسیاری ازکوچه وبازار اسلامبول لوله‌های آهنین‌اززیر زمین فرش میکند. کومپانی‌مذکور میخواهد شبها تمامی‌خانهاودکاکین‌وکوچه‌وبازار شهر پایتخت‌را با کازهوا روشن‌نمایدکه‌دیکربعدازین کسی‌را بشمع وشمعدان‌وهلامپ«احتیاج‌نباشد. واهل‌هرخانه‌را ازشست وشوی لامپ واصلاح‌آن‌ومخارج‌کزاف شکستن شیشه‌ولامپ وخریدن فتیل وزحمات دیکر که واقعا یکنفر خدمتکذار برای این‌کار لازم‌است برهاند . در حالتیکه خرج‌آن از روغن کازی‌که امروز درخانها میسوزانند کمترو شکوه ورونقش بیشترباشد . ازارزانی وصرفهٔ این‌کاز هواهمین قدر بس است که بکوییم درظرف یکساعت قیمت شعلهٔ که بقدروقوت پنج شمع روشنایی دارد تنها سه پاره وشعلهٔ که ضیای آن بقوت ده‌شمع است بیش‌ازشش پاره نخواهدبود. ازاین یکی مراتب محسنات آنراتوان‌فهمید وانکهی بست وکشاداین متوقف برسانیدن دست به « شیری » است که درصورت بازکردن روشن وهنکام بستن خواموش میکردد .

وازجملهٔ محسنات آن‌محکمی ومتانت‌لوله‌های آهنین آن است که پس ازتجارب عدیده برزانت واستواری تمام ساخته شده است ومیتوان کفت که این یکی ازجملهٔ اختراعات پسندیدهٔ عصر معدلتحصر اعلا حضرت اقدس پادشاه‌ترقی‌خواه است که‌درسایهٔ عدالتش هرروز اسباب رفاه تبعه وزیر دستان بوجهی حاصل میاید . ومملکت‌را هر زمان رونقی تازه وشکوهی بی اندازه پدید ارمیکردد . وهرسو اسباب تمدن تعمیم میابد .

از قرار یکه می بینیم کومپانی بسیاری ازلوله‌های آهنین کازرا بخانوالده که‌محل‌سکنای بسیاری ازهموطنان محترم ماست نیز نقل داده است . چون محسنات ومنافع آن برخود ایشان پوشیده نیست ازآنرو احتیاج بطول کلام ندیدیم چنانچه بسیاری نام خود شانرا دردفتر اشترای آن‌ثبت نموده اند . همینقدر یاد آوری میشودکه هرکس‌خواهان‌صرفه‌واستراحت‌است دراشترای آن‌خود داری‌ننمایدکه زمان‌اشترای‌آن نزدیك بانقضاست وانکهی ازداخل شدن این‌کاز هوا بخان والده معلوم است که تاچه پایه بشکوه ورونق خان ومنازل ایشان خواهد افزود .

چون دراینجا زیاده براین کنجایش شرح وبسط نبود لهذا برای هریك ازمشترکین محترم نسخهٔ ازاعلان‌مفصل کومپانی که مخصوصاباداره فرستاده شده بود توزیع میشودکه ازاین مجمل بدآن مفصل رجوع نمایند .

درباب عدم وقوع قضای حریق که اغلب ازشکستن « لامپ » وریختن روغن کاز بظهور میرسدنیز این کاز هواداراى محسنات کثیر است واین‌محذورات ازآن بعید. چه‌شکستن وریختن آن محال است ومنافعش عمومی چنانچه درتمامی ممالك متمدنه هم معمول است .

◆ صرافیه ◆

لیرای عثمانی عدد یکصد قروش

پاره	قروش	
۱۰	۱۱۰	لیرای انکلیس
۳۵	۸۷	لیرای فرانسه
۱۲	۹۰	امپریال روس
۲۰	۵۱	قره‌میبح
۸۲	۰۸	اسکناس‌هشت‌منات وهشتادو دو کابك‌بك لیرای باشد
۲	۱۸	صرف مجیدی سفید بالیرا
۷۵	۷۰	سند راه آهن‌روم ایلی فرانك
۲۰	۱۸	اسهام‌عمومیه ٠سند استقراض عثمانی

طاهر

خود دستگاه مخصوصی بنام « دایرهٔ صحیه » باز نموده اسباب آنرا که مستلزم مخارج زیاده است فراهم آورده‌اند. هرگاه منافع آن بمراتب بیش از زحمات و مخارجش نبود هرآینه اینهمه دول متمدنه بیهوده زیر بار مخارج سنگین آن نرفته وقت خود شانرا ضایع نمی نمودند لهذا این قاعدهٔ سود مندرا که درمیان همهٔ دول وملل معمول است ومحسنات آن بدلایل وبراهین علمی وعملی واضح • بزرگ گفتن دور ازمراسم حزم واحتیاط وروش بزرگان ترقیخواه است •

بهر حال مانیز چون نگارندهٔ این خبر امید واریم که درسایهٔ عاطفت اعلا حضرت پادشاه دل آگاه ایران دستگاه « حفظ الصحة » طهران نیز مانند دوایر حفظ صحت سایر ممالک متمدنه منتظم کردد تاباین وسیله هم ملت و ملت ازمخاطرات ایمن کردد وهم زبان بداندیشان ازپارهٔ تعرضات کوتاه شود •

﴿ بقیهٔ ازمقالهٔ گفتن ونوشتن ﴾

وهرگاه کلام مؤلف بود ازاستحسانات عقلیه وچیزهای مبالغه آمیز که درنشأهٔ عین صورت وقوع ندارد امابه ترتیب ونسقی تالیف شده که طبیعت ازشنیدن وتصور آنها مشعوف ومتلذذ میشود آنگونه سخن را شعر وصاحبان را شاعر خوانند. واغلب چنین عادت جاری شده که وزن وقافیه را اسباب رواج قیاسات شعریه قرار داده اند • ولی این مطلب کلیت ندارد بساهست مادهٔ سخن شعری است ولی صورت اومنظوم نیست بلکه بطریق نثر اداشده • وهمچنین ممکن است کلام صورتاً منظوم ولی مطالب آن شعری نباشد که «ان من الشعر لحکمة» واین یکی را نیز باید علاوهٔ مقال نمود که مادهٔ شعری ازیکطرف باید خلاف واقع ومقرون باغراقات ومبالغات باشد • وازطرف دیگر باید باصل مطلوب حسن مناسبت ومشابهت بوجهی پیدا کند تاسبب استحسان عقل وهیجان خاطر کردد • وهرچه بامراعات این نکته باطراءات ومبالغات بیشتر آمیخته بشود حیرت انگیزی ورنگ آمیزیش بیشتر خواهد بود. ودر انظار بیشتر طرف استحسان ومظهر حسن قبول واقع خواهد شد • چنانکه شیخ نظامی کوید « درشعر مپیچ ودرفن او » « کز اکذب

اوست احسن او » وهرگاه اجزاء کلام عبارت باشد ازمسلمات ومقبولات طرف مقابل اعم ازاینکه مطابق واقع بود یانبود آن گونه کلام را جدل وخداوند اورا مشاغب وجدلی نامند • واین صناعت ازبرای الزام واقناع خصم است بچیزهایی که خود مسلم دارد • ولی این مطلب را نیز باید دانست که مسلمات هرقوم درنزد قوم دیگر مسلم نیست • والااختلافی میان امم درهیچ مسئله پیدانمی شد •

وچون مادهٔ کلام شبیه بود بیدیهیات یامواقف باشد ازآنها ولی در ترتیب خطائی واقع شده باشد این صناعت را سفسطه وصاحب اورا سوفسطایی خوانند. وسفسطه عبارت ازهمان مغالطه وجهل مرکب است • که صورتا مشابه برهان میباشد ودربادی نظر هیچ کس خطاء در ترتیب را ملتفت نکشته چنین می پندارد که این کلام برهانی است. وغالبا صاحبان عقول قاصره در این چاه میافتند وآنان ارباب جربزه میباشند • این است که همه وقت سوفسطایی وفیلسوف بیکدیگر مشتبه میشوند وبهترین نشانی ازبرای شناختن سوفسطائیان وجدا کردن ایشان را ازفیلسوف آن است که سوفسطایی همه وقت باوجود حدت قوهٔ نظریه صاحب حس عمیق ونظر ثاقب نیست وهیچ مطلب را بالاطراف وسراپا احاطه نمیتواند نمود ونفوذ کلمات او همه وقت مانند دستهٔ سوزنی است که بجایی یکدفعه بزنند لاجرم تاحدی معین ومحدود بیشتر نفوذ نمی تواند کرد • وهمیشه قوهٔ نظریه اش روی سطحیات جولان می کند وکلماتش بطرف مقصود میخورد نه باصل مقصود •

وخداوند برهان همه جابعکس وضد او حرکت میکند وبجای نظر سطحی قاصر نظر طولانی عمیق استعمال می نماید • ونفوذ کلام او درخاطر مانند مسماری آهنین است که تابشعر فروکوفته شود •

وچون دربیش نظر کوتاه سوفسطایی ترتیباتش بسر حد یقین رسیده لهذا اوراخداوند جهل مرکب خوانند که بجهل خود نیز جاهل است وچنین می پندارد که بحقیقت مطلب پی برده وجزآواز خود صدایی درگوشش عکس انداز نمی شود • وابدالد هر دراین جهالت وظلمت خواهد ماند چراکه شاعر بجهل خود نیست واوچون مریضی است که ازشدت مرض درد خودرا احساس نمی کند وخودرا صحیح وتن درست می پندارد •

ودراین موقع افاده میکنیم که تواریخ هرگاه بتواتر ثابت باشد داخل درصناعت برهان است ولی افسانهای دروغ واساطیر بیفروغ را ازفن تاریخ نمی توان محسوب داشت بلکه نوعی ازشعریات اند وازقبیل امثال وحکایاتی که ازبرای قوت نصایح ومواعظ می آورند ازفن خطابه محسوب است که همه وقت حکم بطرف راجح می کنند. وسخنان غیر مطابق باواقع اگر درنزد قومی مسلم ومقبول باشد ازقبیل جدل است • وهرگاه هیچ طایفه معتقد بصحت آنها نبود شعریات است •

واما مغالطه دایم الاوقات شبیه ببرهان است وهمیشه درآن لباس خودرا جلوه کر می نماید وهیچ مناسبتی میان مغالطه باقسام دیگر ازصناعات پنجگانه نیست ووجه مشابهتی باآنها ندارد. ومتکلم باید در بادی نظر هر یك از این صناعات پنجگانه را تمییز دهد وبشناسد که این سخن داخل درچه صناعت است • وهمچنین برای متکلم لازم است چیزهای دیگر درمقارنات سخن وتشکیلات قیاسات چارگانه بداند که درهرجمله وعبارت بسیار باآنها احتیاج می شود • وهمچنین اجزاء کلام را ازحد ورسم وکلی وجزئی وایجاب وسلب وعموم وخصوص ومواد قضایارا ازلزوم وامکان از یکدیگر باز شناسد • تامعادلات عناصر ترکیبیهٔ هرسخن وطریق تالیف را بداند تاازروی بصیرت درمیدان سخن کام برداشته باشد •

(باقی دارد)

﴿ المان ﴾

روزنامهٔ « استاندارد » منطبع لندن بموجب تلگرافنامهٔ خبر نگار برلین میگوید • روزنامهای « وین » وبرلین ازپارهٔ مقالات واهمه انگیز که درخصوص تدارکات دولت روس ونزدیك شدن زمان جنگ وجدال انتشار مید هند نتیجهٔ حاصل نشده بمقصود خود دست نیافتند • درحالتیکه دولت المان واوستریا خود ازتدارکات جنگ لحظهٔ فراغت ندارند دیگر روز نامهای اوستریا والمان

بجنرال کونسلکری رفته بایفای مراسم تبریك وتهنیت پرداخته اند ٠

شب آنروز فرخنده نیز از جانب جناب معتمد السلطان آقای معین الوزاره مهمانی بسیار باشکوهی ترتیب یافته بسیاری ازمعتبران مملکت ومامورین حکومت واعاظم تجار تبعهٔ دولت علیهٔ ایران درآن مجلس فرخجسته که اسباب هرگونه عیش وشادمانی ازقبیل آتشبازی وچراغانی آماده ومهیا بود مدعوا حضور داشته اند ٠

الحق جناب معتمد السلطان آقای معین الوزاره باقتضای دولتخواهی که سرشتی ایشان است درحفظ شئون بلند دولت در اینگونه موارد بی اختیار است وملترا مواظبت ومراقبت جناب معزی الیه درابیاب سزاوار هرگونه مباهات وافتخار ٠

—

بموجب کاغذی که ازمصر نوشته اند مقرب الحضرة الخاقانیه اقامیرزا محمود خان وکیل جنرال کونسلکری مصر نیز روز وشب مذکور مراسم جشن ولادت باسعادت اعلا حضرت پادشاه ایرانرا درنهایت شکوه ترتیب داده هرگونه اسباب مسرت وشادمانیرا مهیا داشته طرف ظهری نیز جناب ذوالفقار پاشا ازجانب حضرت مستطاب افخم خدیو مصر باالبسه رسمی بجنرال کونسلکری آمده مراسم تبریك وتهنیت این جشن فرخندهرا بجا آورده است ٠

﴿ بقیه ازمقاله کفتن ونوشتن ﴾

لاجرم اواین شرط خواه درمحاوره وتکلم وخواه درمخابره وترسل جستن مضمونیست که درصدد بیان آن می باشند واین معنی درموادی یافت می شود که بامخیله می اندیشد و باحافظه فراهم کیرد چه انشای کلام یاازروی ارتجال است یاازروی رویت٠ ارتجال آن بودکه متکلم بی اندیشه وتفکر بیان مرام کندوانشاد کلام چنانکه انوری کفته ٠

﴿ برداشت کلك ودفتر و فر فر فرونوشت ﴾
﴿ فی الفور این قصیدهٔ مطبوع آبدار ﴾

وازروی رویت آن است که بیان کلامرا از روی ترتیبات منطق وانتظام صور فکریه نماید ولی اکثر یا سخن با اندیشه کفته می شود وازین سبب مؤلفین مشهور درباب رویت اهتمام بسیار دارند وکفته اندکه رویت راه ذهن رامی کشاید٠ وبروسعت عقل می فزاید٠ وطریق رویت آن استکه مطلبی را که درصدد بیان باشند نیك اندیشیده آنرا از مطالب دیکر جدا سازند ٠ واز آنچه مخل آن تواند بود پاك نمایند آنکاه بهر صورت وقالبی خواهند بریزند ٠ وتمام متعلقات آنرا بدان پیوندند ٠ وانچه مایهٔ بسط وتفصیل درذهن است مهیا دارند بنوعی که چیزی دیکر جز بیان آن باقی نماند ٠

ومناسبات ومتعلقات مقصودرا بنحوی باید بدان افزود که سبب تکمیل شود نه موجب تطویل٠ وحشو وزوایدرا ازمیان سخن بردارند ولی باید ملتفت بودکه ابهام برآن عارض نشود ومقصود اصلی بامقاصد تناسبه بدون شرح وبسط زیاد ادا کردد ومطلقا سخن باید ازاطناب مل وایجاز مخل ساده وعاری باشد ٠

وباید دانستکهمعنای متحد ومستقل بسیارکم یافتمی‌شود زیراکههر معنی عطف برمعنی دیکراست ومعنی‌معطوف‌علیه راچون‌درذهن تصور نمایند معنی‌است‌دیکررا مستدعی‌استکه‌کو یاخفته‌بودند حالا بیدارمی‌شوند وهمچنین الکلام یجرالکلام تانهایت‌بدین‌طریق‌است‌وچون‌درمعنی‌مقصودتأمل نمایند معانی ثانویهٔ چند بخاطر میرسدکه باهیأت مجموعهٔ خود معنی نخستینرا روشن‌ترتوانند ساخت وتناسب سلسلهٔ معانی بجز زحمتی وزیادتی سلاست کلام خاصیتی دیکرند ارند ٠

« سخن‌منظوم »

ماهیت شعر چنانکه کفته شد ایراد معانی چند است که شاعر ازعرصهٔ ابداع واختراع قریحت خود خارج نموده بطوریکه سامعرا دردهشت اندازد واستطراف آن‌سامعرا مظهر طرب سازدوقلب وکوش‌رانشئهٔ کا بهیجان‌آورد امااودوات‌شعرکلمات‌صحیح‌والفاظ عذب‌وعبارات بلیغ ومعانی لطیف است کهچون درقالب اوزان مقبول ریزند ودرسلك ابیات مطبوع کشند آنرا شعر نیکو خوانند وتمامی این صناعت جز باستکمال آلات وکالای آن‌دست ندهد چنانکه کمال شخص بی‌سلامت اعضا وابعاض آن‌صورت نه‌بندد شاعر نیزباید برمفردات سخن وقوف یابد واقسام ترکیبات صحیح وفاسد آنرا بازشناسد ومذاهب شعراء مغلق وامراء کلامرا درتاسیس مبانی شعر وسلوك مناهج نظم بداند وسنت وطریقت ایشانرا درنعوت وصفات ودرجات مخاطبات وفنون‌تعریضات وتصریحات وقوانین تشبیهات‌وتجنیسات‌وقواعد مطابقات ومغالطات ووجوه مجازات واستعارات وساير مصنوعات کلام بداند٠ و برطرفی ازحکم وامثال وشطری ازتواریخ واحوال ملوك مقدم وحکماء سالف واقف‌کردد٠ ومعانی‌لطیف‌ازضعیف فرق کند٠ وبرحسن مطلع والطف مقطع هرشعری مطلع شود٠تاهرمعنی‌را درکسوت‌عبارتی‌لایق برمنصهٔ نظم نشاند ٠ ودرشرط سخن ازمعانی سرد وتشبیهات کاذب واشارات مجهول وایهامات مشکل وایهامات ناخوش وتجنیسات مکرر واوصاف غریب واستعارات بعید ومجازات نادرست وتکلفات ثقیل وتقدیم وتاخیرات نادلپسند مجتنب باشد ودرهمه ابواب ازقدر حاجت‌بطرف‌افراط وتفریط بیرون‌نرودوازمالابد نکاهد ودر مالا یعنی نفزاید و پیش از شروع درشعر مختصری ازعروض وقوافی برخواند تابربحور قدیم وحدیث واقف شود٠ واوزان خوش وناخوش‌را فرق نماید وبحوز ازلایجوز اراجیف‌بداند٠وصحیح‌ابیات‌ازسقیم باز شناسد ٠ وقوافی اصلی ازمعمول تمیز کند٠ وسرمایهٔ نیك‌ازکفتهای مطبوع ومصنوع استادان بدست آرد وازاشعار مستعذب ومستحسن درفنون مختلف وانواع متفرق طرفی تمام یاد کیرد٠ وبامطالعه ومذاکره وبابحث واستقرا بردقایق وحقایق مصنوعات آن‌مطلع کردد ٠ تا آن‌معانی دردل اورسوخ یابد٠وآن‌الفاظ درذهنش قرار کیرد٠ وآن عبارات‌ملکهٔ زبان اوشود٠ومجموع آن مادهٔ طبع ومایهٔ خاطر اوکردد٠پس چون قریحت اودرکار آیدفواید آن اشعار روی‌نماید٠ ونتایج آن محفوظات پدیدآید ٠ آنکاه شعرش چون چشمهٔ زلال باشد کهمدد ازرودهای‌بزرك وجویهای عمیق دارد

(باقی دارد)

نیز جنرال کونسل معزی الیه مجلس مهمانی باشکوهی ترتیب داده بسیاری ازاجلهٔ کارگذاران حکومت واعیان مملکت درآنمجلس فرخنده مدعوا حضور داشتند اسباب هرگونه عیش وشادمانی ازقبیل آتشبازی وچراغانی نیز آماده بوده است .

—

بموجب خبرتلکرافی دربعض جهات خلیج فارس مانند محمره وشوشتر وحوالی آن که ناخوشی « وبا » ظهور نموده بوده بالمره رفع شده است .

تدارکات فرانسه

روز نامهٔ « پوست » منطبع برلین بموجب خبرتلکرافی « بروکسل » میکوید . مسیو « دوفره سینه » وزیر جنك فرانسه دریك مجلس بزرك لشکری که درپاریس انعقاد یافته بود ازتدارکات لشکری دولت المان که بتازه‌کی دو اردوی معتبر در ایالتین « الساس ـ لورن » تشکیل داده سخن بمیان آورده اظهار داشته است که . دولت فرانسه نیز باید درمقابل این تدارکات ازپارهٔ اقدامات لشکری خودداری ننماید . بحالة مقتضی وقت چنان است که دولت فرانسه بتزیید راههای آهنی که بجانب سرحدات المان منتهی میشود پردازد .

ازقراریکه میکویند هرگاه این تکلیف وزیر مشار الیه پذیرفته شده وتصور اوازقوه بفعل بیاید هرآینه عساکر فرانسه که دراردوگاههای پاریس . و « لیل » و « لیون » و « زانسون » اقامت دارند میتوانند درظرف چهل وهشت ساعت بسر حدات المان کسیل شوند .

بعضی چند درباب ملاقات ایمپراتوران روس والمان ازقول روزنامه نکاران اروپ

روزنامهٔ « پولیتیشه کورسپوندنج » منطبع « وین » ازملاقات اعلا حضرت ایمپراتور روس با علا حضرت ایمپراتور المان سخن بمیان آورده میکوید . ملاقات دو ایمپراتور در آغاز چندان کرم نبود دردیدار اول باهم نجوشیدند . ولی فردای آن که باهمدیکر بشکار رفتند همراهی ومصاحبت موجب مزید مهر ومحبت شده صفایی درمیانشان رویداد که موجب رفع پاره شبهات کردید . خصوصا درمجلس مهمانی علیا حضرت ایمپراتریس « فره دریك » مادر اعلا حضرت ایمپراتور المان که پس ازبازکشت شکار هر دو ایمپراتور بطعام ناهار درنزد ایمپراتریس مشارالیها مدعو بودند مراتب محبت دو ایمپراتور خیلی بالا کرفت .

شب آروزکه اعلاحضرت ایمپراتور روس دربـار مدعو بود در اثنایی که اعلا حضرایمپراتور مشارالیه هیئت سفرای خارجه مقیمین برلین را معرفی مینمود ازآنمیان مسیو « هربت » سفیر فرانسه را مخاطب داشته ازنتیجهٔ انتخابات فرانسه که بدون حادثهٔ انجام پذیر کردید اظهار خوشوقتی نموده است . سفیر مشارالیه نیز از احترامانی که درهنکام نقل جسد « لازار کارنو » نیای جناب مسیو « کارنو » رئیس جمهوری ازراین بخالك فرانسه ازجانب دولت المان بوقوع رسید بوکالت جناب رئیس جمهوری مشار الیه اظهار شکر کذاری وسپاسداری نموده است .

ازملاقاتی که درمیان اعلاحضرت ایمپراتور روس و پرنس بسمارك بوقوع رسید کویا هردو خشنودبوده‌اند حتی ایمپراتورمشارالیه ازمهارتی که پرنس مشار الیه درامور سیاسی بکار میبرده خیلی متعجب شده مراتب حیرت وتعجب خودرا ازحسن سیاست وکار آکاهی آن پیرآموز کار باعلا حضرت ایمپراتور المان نیز اظهار داشته است .

—

روز نامه « پشترلوید » منطبع « وین » نیز درخصوص ملاقات این دو ایمپراتور بزرك بموجب خبر تلکرافی « برلین » میکوید . اعلا حضرت ایمپراتور روس ازملاقات ایمپراتور المان خیلی خشنود بوده چند بار ازنیات صلحجویانهٔ اعلا حضرت ایمپراتور المان ومقاصد مصلحانهٔ پرنس بسمارك اظهار امیدواری نموده است .

بقیه ازمقاله کفتن ونوشتن

وچون ابتدای شعری کند وآغاز نظمی نهد نخست نثرآنرا درپیش خاطر آرد ومعانی آنرا برصحیفهٔ دل نکارد والفاظی لایق آن معانی ترتیب دهد ووزنی موافق آن اختیار کند واز قوافی آنچه متمکن کردد وخاطر بدآن مسامحت کند بورق نویسدوهرچه ازان اسهل ودرست باشد ودران وزن بکنجد انتخاب کند ومعمول وشایکان رابدان راه‌ندهد ومعروف بجای مجهول ننهد ودرنظم ابیات بسیاقت سخن وترتیب معانی التفات نماید تاجملهٔ مقصودرا برسبیل مسوده تعلیق‌زند وکیف ما اتفق بکوید وبنویسد. واکر اتفاق افتد که قافیتی درمعنی بکار برده باشد وبه‌بیتی مشغول کرده بعد ازان معنی بهتررویی نماید وبیتی ازان اعذب دست دهد وآن قافیت درین بیت بهتر متمکن آید نقل کند. پس اکر بیت اول حاجت باشد آنرا قافیتی دیکرطلبد وکرنه ترك آن‌آرده. واکرابیات بسیار باشد ومعانی تمام کشت جمله‌را مرة بعد اخری ازمرابقان باز خواند ودرتقدوتنقیح آن مبالغت نماید ومیان ابیات تنسیق وتلفیق کند وهریك‌را بموضع خویش بازبرد وتقدیم وتاخیر آن زایل کرداند تامعانی ازیکدکر کسسته نشود وابیات ازیکدکربیکانه ننماید وبهمه وجوه توافق ابیات ومصاریع وتطابق الفاظ ومعانی لازم‌دارد. چه بسیار باشد که دومصراع یادوبیت ازیکدکر ازراه معنی متناسب نباید وبدان سبب رونق‌شعر باطل کردد ومعانی‌را چنان باید بیکدکر ربطداد که تغییرآن ممکن نباشد. چنانکه سعدی کرده همچنین باید که در الفاظ ومعانی هربیت دقایق تانق بجای آرد تااکر لفظی رکیك افتد هذ بی بجای آن بنهد واکر معنی قاصر باید تمام کند ودراین باب چون نقاش چیره دست باشد که درتقاسیم نقوش وتداویر شاخ وبرکهای هرکلی برطرفی نشاند وهرشاخ بسوقی بیرون برد ودررنك آمیزی صبغ بجای خرج کند وهررنك بکلی دهد آنجا که رنك سیر لایق آید تیسیر صرف نکند وآنجا که صبغ روشن باید تاریك بکار نبرد وچونان استاد جوهری باشد که بحسب تالیف وتناسب ترکیب بررونق عقد خویش بیفزاید وبتفاوت تلفیق وبی ترتیبی نظم آب

مروارید خویش نبرد وباید که در افانین سخن واسالیب شعر وطرز ادا وتشبیه برسر هرماده که سخن کوید چون نسیب وتشبیب ومدح وذم وآفرین ونفرین وتهجین وتحسین وشکر وشکایت وقصه وحکایت وسؤال وجواب وعتاب واسترهاب وتمنی وتواضع وتانی وتسامح وذکر دیار ورسوم ووصف آسمان ونجوم وصفت ازهار وانهار وشرح ریاح وامطار وتشبیه لیل ونهار ونعت اسب وسلاح وحکایت جنك ومصاف وفن نهادی وتمادی ازطریق افاضل شعرا واشاعر فضلاعدول نماید ودرنقل ازمعنی بمعنی وتحویل ازفنی بفنی خروجی لطیف وشروعی مستحسن واجب داند • ودر رعایت درجات مخاطبات ووجوه مدایح باقصی الامکان بکوشد ملوك وسلاطین‌را باوصاف وخصایص پادشاهانه ستاید • ووزرا وامرارا باوابد شمشیر وقلم وطبل وعلم مدح کند وسادات وعلما را بشرافت حسب وطهارت نسب ووفور فضل وغزارت علم ونزاهت عرض ونباهت قدر وصف دهد• وزهاد وعبادرا بانابت وتوجه بحضرت عزت واستجابت دعوت وتجرد ازعلایق نعت نماید• اوساط ناس‌را بمراتب نازل عوام فرودنیارد وعوام‌را بسیارازسایه وپایهٔ خویش برنکذراند• وبزرکان‌را بمراتب ودرجات وسطی نستاید• خطاب هریك فراخور منصب ولایق مرتبت اوکند وهرمعنی‌را درزی لفظی مطابق ولباسی موافق‌برون‌آرد• چه کسوت‌عبارات‌متعدد است وصور معانی مختلف همچنانکه زن صاحبجمال دربعضی ملابس خوبتر نماید وکنیزك پیش بها دربعضی‌معارض خریدارکیر ترآید وهر معنی‌را العاظی بود که درقالب آن مقبول ترافتد ودراین باب نظم ونثر یکسان است •

(باقی دارد)

﴿ ایتالی ﴾

پیشتر درچند نسخه ازورود هیئت سفارتی ازحبشستان بشهر «روم» پایتخت ایتالی ازجانب ملت حبش تفصیلی نوشته وازبسته شدن عهد نامه‌درمیان «منه‌لك» حکمران‌تازهٔ حبش ودولت‌ایتالی اجمالا آکاهی داده‌بودیم • حال ازقراریکه در روز نامهای فرانسه دیده شد دولت ایتالی باستناد عهد نامهٔ مذکور که در دوم مهٔ ماه کذشتهٔ فرنکی ازجانب ملت حبشستان امضا ودربیست وپنجم اوکتوبر ماه فرنکی‌سال ۱۸۸۹ میلادی ازطرف اعلاحضرت «هومبرت» حکمران ایتالی تصدیق شده‌است تحریرات عمومیهٔ بدولتهای بزرك امضا کنندکان عهد نامهٔ برلین فرستاده خواهش نموده است که وضع‌تازهٔ حبشستان‌یعنی‌حکومت «منه‌لك» ملك جدید آنجا ازجانب دولتهای مشار الیهم تصدیق شده اورا بصفت حکمران مشروع‌خطهٔ حبش بشناسند • ونیز درآن تحریرات عمومیه ازمادهٔ هفدهم عهد نامهٔ حبش وایتالی سخن بمیان آورده‌است چون مادهٔ مذکور مبنی‌براین است که هردولتی که باحکومت حبشستان مکالمه ومخابرهٔ حکومتی داشته باشد باید بتوسط ومساعی دولت‌ایتالی‌رجوع نماید• چون ازاینمعنی درنهایت وضوح معین است که‌حکومت‌حبشستان خودرا بحمایت دولت ایتالی سپرده لهذا دولت مشار الیها درتحریرات عمومیهٔ مذکوره این نکته‌را بکمال نزاکت کنجانیده ضمنا دول معظمه‌را یاد آوری نموده است که بعد ازاین درکار های حبشستان باید باورجوع نموده اورا بصفت حامی حکومت حبش بشناسند • ولی قواعد حقوق بین الدول وملل که‌امروز مرعی الاجرا است دراینباب دارای پارهٔ احکام دقیق ونکات باریك است که تعیین وتفریق وتنظیم وتطبیق این مقصود بدآن احکام خیلی مشکل بنظر میآید •

چون ازتفصیل امتیازاتی که ازجانب ملت حبش درخصوص مناسبات داخلی وخارجی خود باسایر دولتها بعهدهٔ دولت ایتالی واکذار نموده است‌چنانکه‌شاید وباید آکاهی‌نداریم‌لهذا ازآندر سخن کفتن‌را مناسب‌ندیده تنها به‌تنقید وشرح همان مادهٔ هفدهم ککه موجب تعدیل وتغییر حقوق عمومیه شده است میپر داریم •

وقتیکه حکومت «مدا کاسغار» خودرا بحمایت دولت فرانسه سپرد ودولت مشار الیها بحکم قواعد معموله ازمراتب بدولتهای بزرك آکاهی داد دولت ایتالی بشرایط این حمایت وچکونکی وضع جدید آنجا عریض وعمیق بنای رسیدکی‌کذاشته درتصدیق‌آن بقدم احتیاط وتدقیق پیش آمده ازنکته کیری وباریك بینی فروکذاری ننمود اکنون بالطبع سایر دولتها نیز درخصوص وضع جدید حبشستان وتصدیق حمایت دولت ایتالی بهمان وتیره رفتار خواهند نمود •

معلوم است که مسیو کریسپی رئیس وزاری ایتالی درخصوص ماهیت عهد نامهٔ خود باملت حبش واهمیت آن ازجهت حقوق دول پارهٔ پرسشهای محقانه جواب خواهد داد • وآن پرسشها عبارت ازاین است •

اولا • باید فهمیدکه دردوم مهٔ‌ماه کذشته فرنکی «منه‌لك» ملك تازهٔ حبش حق واقتدار امضا کردن این عهد نامه را که تمامی حبشستان‌را بدآن‌واسطه‌مقید داشته دارابوده‌است یانه ؟

ثانیا • درمتن تحریرات رسمی عمومیه پارهٔ اصطلاحات دیده شد که محتاج تفسیر وتعدیل است • ازجمله درتحریرات عمومیه نوشته شده است که «معاهدهٔ مذکور دردوم مهٔ ماه کذشته ازجانب ملت حبشستان بامضا رسیده ودربیست وپنجم‌اوکتوبر ماه‌فرنکی ازجانب اعلا حضرت حکمران ایتالی تصدیق شده است آیا تاکنون این عهد نامه درمیان دو حکمران مبادله شده‌است ؟ معلوم است اینکونه عهد نامها تادرمیان ردوبدل نشده طرف اعتبار واطمینان نتواند بود • وباید دانست‌که این نکات استفهام دارای اهمیت بزرك است • خصوصاکه‌ازسمت‌دریای‌احمر پارهٔ‌خبرها میرسدکه‌ازآن‌اخبارمعلوم میشودکه «منه‌لك» ملك حبش ازاین معاهدهٔ پرنس «ماکونن» رئیس هیئت فرستادکان خود چندان خشنودی نداشته است •

والحاصل‌پس‌ازآنکه‌مسیو کریسپی دراینباب پرده‌ازروی معما برداشت آنکاه دولتهای اروپ باقتضای تمایلات صلحجو یانه بتحریرات عمومیهٔ دولت ایتالی جوابی ککه‌لازم است خواهند داد •

طاهر

وزیر دربار . ومسیو « دراکومی » وزیر خارجهٔ یونان نخستین درجهٔ نشان « عقاب سرخ » وبه مسیو « فلیپون » « پیکار بیکی » شهر آتن یك قوطی مرصع توتون اعطا شده است .

—

روز نامهای « آتن » میکویند . نواب ولیعهد یونان پس ازآنکه تمامی مهمانان عزمشان از « آتن » مفارقت نمودند بازوجهٔ خود شان بعزم سیاحت وکشت وکذار ایالات یونان حرکت نموده چندی بتفرج خواهند پرداخت .

﴿ بقیه ازمقالهٔ فن کفتن ونوشتن ﴾

« شمس قیس » کوید دراین زمان هیچ صنعت از شعر مستخف تر وهیچ حرفت ازشاعری مبتذل ترنیست چه هرکس که بینی بی هیچ ممارست وتدرب بهیچ فنی شروع نکند وبدون مهارت هیچ پیشهٔ پیش نکیرد الاشاعری که هرکس موزون از ناموزون بشناخت وقصیدهٔ چندکز ومزیاد کرفت واز دوسه دیوان چند بیتی درمطالعه آورد فی‌الحال بشاعری سر بر میآورد وخودرا بمجرد نظمی عاری ازتهذیب وتعریب معانی شاعری پندارد . ودرفنون نظم استادی ماهری شمارد . وباطلق هرزه‌درا وناثی یافه سرا درمحافل سور وسوك مردمان داخل کشته درهرمائده خودرا شریك ودر هرواقعه خویشتن را سهیم میداند . ودر اثنای هرمحاوره روبی ازخارا وجبهتی ازسندان وام کرفته در هرمجلس خودرا متکلم وحده میخواهد وهمه کس را بزور پیشانی وفوت شارلاتانی مجبور به تلقی اباطیل وترهات خودمی‌سازد . وچون جاهلی شیفتهٔ طبع ومعتقد شعر خویشتن شد بهیچ وجه اورا ازان اعتقاد مقدس بازنتوان آورد . وعیب شعر اوباوی تقریر نتوان کرد . وحاصل ارشاد ونصیحت اوبجزآن نباشد که ازکوینده برنجد وسخن اورا بهانهٔ بخل ونشانهٔ حسد شمارد وکاه باشد که به بیهوده کفتن درآید وسقط ودشنام کوید . باید شاعر بجهد کند تانظم ونثرش باالفاظ پاکیزه ومعانی لطیف آراسته آید وزنهار به بیان تصور معانی بدیع درکسوت الفاظ رکیك سرفرو نیارد . وبنقوش عبارات بلیغ برروی معانی واهی فریفته نشود چه معنی بی عبارت هیچ طراوت ولطف ندارد وعبارات بی معنی بهیچ نشاید . وهودهٔ سخن منظوم بالذات آن است که برقوت معانی وشعشعهٔ الفاظ بیفزاید . وچون نفس ناطقه ازعالم نظام وعرصهٔ انتظام هبوط بعالم سفلی نموده شنیدن ودیدن منتظمات مایهٔ اهتزاز وهیجان اومیشود اما ترتیب وانتظام اولا درمعانی شرط است آنکاه درمبانی . والا شعر کفتن چه ضرور چنانچه شیخ محمود شبستری کوید .

﴿ چوماازلفظ خود درتنکنائیم ﴾
﴿ چرا چیز دکر بروی فزائیم ﴾

ابوالهذیل علاف چون سخنی وشعری بیمعنی شنیدی کفتی (هذا کلام فارغ) ازوی پرسیدند که فارغ چه معنی دارد کفت الفاظ اوعیهٔ معانی است ومعانی امتعهٔ آنها پس هرسخن که معنی اولطیف نباشد وطباع اهل تمیز برآن میل نکنند همچنان باشد که وعائی فارغ وخالی دروی متاعی نیست . وباید که بهیچ حال دراول وهلت برکفته وپرداختهٔ خویش اعتماد نکنند وتاآنرا مرة بعد اخری برناقدان سخن وادیبان ماهر عرضه ندهد وخطا وصواب آن بطریق استرشاد نشنود آنرا بموقع عرض عام ننشاند . وچون صاحب هنری بمعرفت شعر شهرت کرفت وبامعان نظر وادمان فکر . ونقد شعر . محکوم علیه شدوبنزد نجار بر سخنوران مسلم آمد سخن اورا دررد وقبول هرلفظ ومعنی که بکوید نص صریح شناسد . واورا در آن باب مجتهدی مصاب داند وبهرچه کوید ازوی حجتی قاطع وعلتی واضح نطلبد چه بسیار چیزها بودکه درك آن بذوق سلیم وسلیقهٔ مستقیم است ودرحیز تقریر وعبارت نمی کنجد .

﴿ تونمی بینی هلال ازضعف چشم ﴾
﴿ من همی بینم مکن برمن توخشم ﴾

وباید دانست که نقد شعر ومعرفت رکیك ورصین وغث وسمین آن بشعر نیك کفتن تعلق ندارد بسیار شاعر باشدکه شعر نیکو کوید ونقد شعر چنانکه باید نتواند وبعکس واینکه کویند نقد شعر شاعران بجید تواند کرد خطاست چه نساج جامهای منقوم بافدود ونقوش مختلف وشاخ وبرکهای لطیف وکذار شهای دقیق وصور نهای شیرین در آن پدید آرد اما قیمت آن جز سمساران وبزازان نداند وهیچکس جولاهرا نکوید که این جامه را بهاکن واکر جولاه بهای جامهٔ خویش خواهد کند از حساب وابریشم وزر رشته وروز کارعمل خویش درنتواند کذشت . وتقویم مروارید خوشاب ولعل آب داررا کسی حوالت بغواص ومعدن کارنخاید لاجرم بهای جواهر نفیس‌را بجزجو هریان دیکری نداند وقدر جامهٔ زربفت‌را غیر ازحریر فروش کسی نشناسد . قدر زرزر کرشناسد قدر کوهر کوهری . .

(باقی دارد)

﴿ بداندیش‌را اندرز ﴾

باپوست ایران که دوسه روز قبل وارد شد مکتوب مفصلی بامضای مجهول باداره رسید . نکارندهٔ آن مکتوب ازروی اشتباه وباغرض مارا بسبب اینکه پیشتر شخص نجیبی ازکار کذران دولت علیهٔ ایران‌را درهنکام مأموریت « بمبی » وآمریك به نیکوکاری وپسندیده کرداری ستایش نموده‌بودیم مورد مؤاخذه داشته وپارهٔ اسنادات ناروا درحق ما نکاشته است که لایق حال‌وشأن خود نکارنده است . اکرچه کفتارهای سست اوشایستهٔ جواب نبود ولی‌ازآنجاییکه ماتاکنون هیچوقت دانسته وفهمیده ازادای وظیفه وتکلیف خود داری ننموده‌ایم لهذا نخواستیم که زحمت اوباعث غیظ وغضب که اورا مستولی بوده بی ثمر ماند . این است که میکوییم آنچه مادرحق آنشخص نجیب درهنکام مأموریت « بمبی » وآمریك نکاشته واورا بکار آکاهی ستوده بودیم هیچ ملاحظه نداشتیم مکر اینکه بسیاری ازهموطنان محترم مقیم « بمبی » که درنزد ادارهٔ « اختر » بوطن پرستی وبی غرضی معروفند مکاتب متعدده درخوشرفتاری مشار الیه باداره نوشته ازماخواهش مینمودند که‌آن تفاصیل که موجب سربلندی ملت وحسن صیت

ودر آن اثنا ازواپور قراول « سد البحر » نام همایونی وازخشکی توپهای مشایعت انداخته شده تمامی واپورهای دولتی وتجارتی که در خلیج اسلامبول بودند بابیرقهای رنکارنك آذین بسته مراسم احترام وتعظیم را از هر جهت بعمل آوردند .

واپور سواری اعلاحضرت ایمپراتوری قریب بحرکت سه بار بیرق مخصوص خود را پایین آورده مراسم وداع را ایفا کرده دوساعت بغروب مانده بجانب دریای سفید در حرکت آمده است .

قبل از حرکت واپور مذکور نیز اعلا حضرت اقدس پادشاه مهمانواز چندتن ازمقربان حضور همایونی را به تبلیغ سلام سعادت انجام ملوکانه نزد آن مهمانان محترم کسیل فرموده اعلاحضرت ایمپراتور وعلیاحضرت ایمپراتریس ازمراتب مهمانوازی اعلا حضرت پادشاهی واحترامانی که درایام اقامت وسیاحت اسلامبول ازجانب دولت وملت عثمانی درحقشان مرعی ومشهود افتاد اظهار خشنودی وتشکر فرموده ماورین مشارالیهم را درحضرت سپهر بسطت همایونی باعادهٔ سلام خودشان مامور داشته رخصت انصراف داده اند .

سفاین جنکی زرهپوش « آثار توفیق » « وفتح بلند » نامان باواپور همایون « عزالدین » مامور بمشایعت اعلا حضرت ایمپراتوری شده تادهنهٔ دریای سفید ازکشتیهای المان همراهی نموده اند .

چنانچه درهنکام تشریف فرمایی اعلاحضرت ایمپراتوری جناب مستطاب افخم صدر اعظم . وجناب دولتمآب منیرپاشاترجمان دیوان همایون باچجی ازسایروزرای عظام ازجانب سنی الجوانب همایونی باستقبال مأمور شده بودند درحین حرکت آنمهمانان محترم نیزازطرف قرین الشرف ملوکانه بمشایعت مامور کردیده تاواپور « هو هنزولرن » و « کایزر » رفته اعلا حضرت ایمپراتور وعلیا حضرت ایمپراتریس را مشایعت نموده مراسم مهمانوازی را مسکی الختام داشته اند .

ذات اقدس ملوکانه پس ازحرکت کشتیهای مذکور بقرارکاه سلطنت عظمامعاودت فرموده اند .

ازجانب سنی الجوانب اعلا حضرت اقدس پادشاهی باعلاحضرت ایمپراتور المان یك قبضه شمشیر بسیار ممتاز وکرانبها . وبعلیا حضرت ایمپراتریس نیز یك قطعه کل سرمکال بالماس وبعض اشیای نفیسه ازمعمولات ومنسوجات عالات محروسهٔ عثمانی هدیه فرموده شده است .

ازجانب اعلاحضرت ایمپراتوری نیز به ذات ملکی صفات اعلاحضرت اقدس پادشاهی نشان « هوهنزولرن » باحمایل مخصوص آن که بزرکترین نشان دولت مشار الیها است وهدیه شده است .

جناب ابهت ودولتمآب ادهم پاشا . ودولتمآب سعیدپاشا وزیر خارجیه . ودولتمآبان توفیق پاشا . وموزوروس پاشا . وعلی نظامی پاشا . وسعادتمآبان احمد علی پاشا . وغولنیج پاشا . وسایر مهمانداران که تا « قلعهٔ سلطانیه » مأمور به بدرقه ومشایعت اعلاحضرت ایمپراتوری بودند درآنجا رخصت معاودت یافته باواپور همایون « عزالدین » باسلامبول بر کشته اند .

« المان وانکلیس »

پیشتر نوشته بودیم که درسمت سواحل « زنکبار » یك فروند کشتی که درزیر بیرق المان درآنحوالی مشغول کشت وکذار بود بحکم کوماندان کشتیهای جنکی زرهپوش انکلیس که بعنوان منع برده فروشی وبستن راه آن عمل درسواحل مذکوره درسیر وسیاحت وتحری وجستجو ست توقیف کردیده واینمعنی تایکدرجه موجب رنجیدکی خاطر دولت المان ودرمیان دودولت وسیلهٔ تعاطی پارهٔ مخابرات رسمیه شده است .

حال ازقراریکه درروز نامهای برلین دیده شد حکومت انکلستان در این خصوص بتقصیر وتجاوز کوماندان کشتیهای جنکی خود اعتراف آورده بطوریکه مرضی خاطر دولت المان بود ازحرکات کوماندان مومی الیه عذر خواهی نموده و درمیان دولتین ازاین رهکذر کدورتی باقی نمانده است .

﴿ بقیه ازمقالهٔ کفتن ونوشتن ﴾

لاجرم شاعر نظم سخن بشهوت طبع خویش کند . وشعر بر وفق حاجت ولایق صورت واقعه کوید . وناقدان اختیار نیکویی لفظ ومعنی کنند وفرق بسیار است میان آنچه بشهوت وخوش آمد طلبند . وآنچه برای ستایش ونکوهش کویند وشعر فرزند شاعر است بزرکان کفته اند « المرء مفتون بشعره وعقله »

وباید شاعر باخود تصورکند که شعر موقع اضطرار است ومتقدمین بعضی برای ضرورت شعر خطاها ارتکاب کرده اند وخطاها درشعر خود بکار داشته . چه اقتدابه نیکوان نیکوآید نه بیدان . ودرصورتی سخن منظوم پسندیده ومطبوع است که اطراف آن بانسجام وتفویف آراسته باشد والاانظم را هیچ ضرورت نیست . وهمچنین بکار بردن صنایع وبدایع درشعر وقتی مقبول است که آن دو صفت یعنی تفویف وانسجام درشعر بوده باشد والابی آن دووصف صناعات بدیعیه بمثابهٔ قلاید وعقود جواهری است که بر نحور کلاب تعلیق نمایند .

(زشت باشد دبیق ودیبا ✻ که بود برعروس نازیبا)

« تفویف »

از جملهٔ خواص اولیه سخن علی العموم واز جملهٔ بدایع مقبولهٔ شعر علی الخصوص تفویف است وآن درشعر عبارت ازاین است که بنای سخن بروزنی خوش وبحری دلکش ولفظی شیرین وعبارتی متین وقوافی درست ترکیبی سهل ومعانیٔ لطیف نهند . چنانکه بافهام نزدیك باشد . ودرادراك واستخراج ان اندیشهٔ بسیاروامعان فکر احتیاج نیفتد . وازاستعارات بعید ومجازات شاذ وتشبیهات کاذبه وتجنیسات مکرر وایهامات مبهم خالی باشد . وهربیت درلفظ ومعنی بنفس خویش قائم بود (چنانکه حکیم فردوسی راست) وبجزاز روی ترتیب معانی وتنسیق کلام بدیکری محتاج وبدآن موقوف

نباشد . والفاظ وقوافی درمواضع خویش متمکن ومستقر باشند وجملهٔ سراپای سخن یکطرز ویك شیوه بود . وعبارات کاه بلند وکاه پست نشود . ومعانی کاه متسق وکاه مضطرب نکردد . وبالجمله اهمال بم وزیر درالفاظ ومعانی درتحت تالیفی منتظم ومتناسب باشد . وبمجاورت الفاظ ولیاقت آن بیکدیکر مراعات شود . وازغرایب الفاظ ومهجورات لغات قدیم درآن استعمال نکنند . بلکه ازفصیح ومشهور ومستعملات غیرمنفور که درمحاورات ومراسلات عرضهٔ تداول خواص است مرکب بود . وسخنی که بدین شیوه پرداخته وساخته آید آنرا مألوف کویند . وباید که سخن ازاین صنعت عاری نباشد تا نام نیك بدان جایز بود . دراینصورت بسی مقبول ودلکش خواهد بود اکر چیزی ازصناعات مستحسن ومبتدعات لطیف ومطابقات مطبوع باآن سخن یار بود وهمه تشبیهات درست واستعارات نیکو وتقابلات موزون ولهامات شیرین مقرون آید که باین پیرایهٔ مقبول همهٔ زیورها یار اید .

(انسجام)

ادبای عرب درمعنی انسجام کفته اند «ان یکون الکلام عذب الالفاظ سهل الترکیب حسن الترتیب لطیف السبك خالیاً من التکلف والعقاده یکاد یسیل من رقته کالماء فی انسجامه لایتکلف بشیٔ من انواع البدیع الاجاء بالصدفة من غیر قصد واذا قوی الانسجام فی النثر جاء فی قرائنه موزونة من حیث لایقتصد کما وقع فی کثیر من عبارات البلغاء» معنی انسجام را بدین طریق تحدید مینماید که سخن ازترکیب موزون وشمایل میمون ولطافت ورقت بمثابهٔ آب صافی بود که ازچشمهٔ زلال بجوشد وهیچ کونه تکلف آنرا مغشوش نسازد لاجرم چنین سخن که ازسادکی وروانی مانند آب زلال ونسیم شمال بود اورا منسجم خوانند . واغلب چنین اتفاق میافتد که محاسن وصنایع فن بدیع دراین سخن من غیر قصد تصادف مینماید . وکاه باشد که بعضی عبارات منثور باین صفت موزون اتفاق بیفتد . چنانکه چکامه های قدیم پارسیان قبل ازشیوع فن شعر درمیان پارسی زبانان باین صفت متصف بوده ودراینجا ازتاسیس طرحی که بنای عمدهٔ سخن برآن است بیش ازاین یاد کردن ضرورت ندارد . لاجرم باید درتحلیل مرکبات فن نظم ونثر باجزاء اولیه ومفردات اصلیه شروع نمود . وایراد آنها دربن جا خارج ازوضع جراید است ومناسبت ندارد بقیهٔ آن جداکانه دردست طبع است هرکس خواهان باشد باداره اختر رجوع نماید تابعد ازطبع ارسال شود انتهی

(اقل عباد میرزا اقاخان کرمانی)

اخطار مخصوص

بموجب کاغذهایی که این هفته از بعض حضرات وکلای محترم «اختر» مقیمین ممالك محروسهٔ ایران وبعض مشترکین کرامی آنسامان باداره رسیده هردو ازهمدیکر اظهار شکایت نموده اند درحالتیکه اداره سومین شکایت کنندکان است .

شکایت حضرات وکلای محترم ازمشترکین باتمکین این است که میکویند دربعض ولایات مانند خراسان وغیره درحالتیکه سال یکهزار وسیصد وشش بپایان آمده وربعی هم ازسال تازه منقضی کشته هنوز بسیاری از ایشان وجه بدلات سال کذشته را نپرداخته اند که دراینباب حق باایشان است .

شکایت مشترکین باتمکین نیز از حضرات وکلای محترم این است که دربعض ولایات مثل تبریز وغیره موزع روزنامه اولا دربعض موارد مانند اعیاد وغیره از حضرات مشترکین توقع انعام و بخشش داشته اند . وثانیا در رسانیدن روزنامه تقلب بکار برده کاهی دونسخه را یکجا داده وکاهی بعض نسخه هارا بالمره ازمیان برده درغیر موضوع له صرف مینموده اند که در این شکایت اداره نیز باایشان سهیم وشریك است چه بسا کسانرا میشنویم که روزنامه بایشان نمیرسد ودر دفتر اداره اصلا نامشان ثبت نیست که این یکی الحق سزاوار هر کونه شکایت است . لهذا اداره که دور ازایشان است در مقام عذر خواهی متعهد است که هرکس ازمشترکین کرامی که نسخهای ایشان بترتیب نرسیده دوکلمه باداره آکاهی بدهد نسخهای مفقود بشماره وتاریخ خدمت ایشان فرستاده خواهد شد . وهمچنین درخصوص انعام وبارج خواستن موزع نیز بحکم انصاف باید پوزش اداره را بپذیرند بعلت اینکه اداره بموزع اجرت میدهد وآنانرا مفت ومجانا بخدمت وانداشته است بلکه این حرکات آنان نتیجهٔ عدم تهذیب اخلاق وبی تربیتی است که باندك طمعی هم خود شانرا بدنام میکنند وهم بامور اداره سکته میزنند . هرکاه این اسنادات اصل داشته باشد ازحضرات وکلای محترم که ازکمال مردمی وانسانیت وترقیخواهی وملت پرستی زحمت وکالت را درعهده کرفته اند متوقعیم که آنکونه کسان متقلب را بتوزیع روزنامه نکمارند بلکه مردمان درستکار را بدین عمل وادارند که بسائقهٔ طمع زحمات مارا در راه انتشار این نامه که مقصود اصلی خدمتی بعالم اسلامیت وانسانیت است بی ثمر نکذارند .

اکرچه درخصوص شکایت بعض وکلای محترم مانند خراسان وغیره ازبعض مشترکین آنجاها نمیخواستیم که این تفصیلات درصحایف روزنامه مطرح انظار عامه بشود ولی مسامحه واهمال ایشان مارا بحال خود نکذاشت . الحق امساك وایستادکی بعض ازهموطنان درادای این مبلغ جزئی باوجود دارایی خیلی ناکوار است راستی ما ازنوشتن این مطلب درپیش خود خجالت میکشیم که چسان بکوییم جمعی ازخواص ملت وعظمای امت باوجود دعوی آکاهی از عوالم تمدن وانسانیت در ادای این وجه قلیل بدل سالیانهٔ یك روزنامهٔ ملتی که کمر خدمت ایشانرا برمیان جان بسته ودرراه مدافعهٔ سهام تعرض بدخواهان نشسته است بسالها تاخیر ودفع الوقت مینمایند . چون دست ما ازدامن همت ایشان کوتاه است وچاره جز پیرهن دریدن نداریم لهذا از حضرات وکلای محترم ممالك محروسهٔ ایران درنهایت تواضع وفروتنی خواهشمندیم که هرکس ازهموطنان محترم که ازایشان روزنامه میخواهند تاوجه ششماهه ویاسالیانهٔ آنرا پیشکی نپردازند روزنامه ندهند تااینکه مارا ازخسارت وخودشانرا اززحمت بازرهانند مکر کسانی که طرف اعتماد خود ایشان است . واین معنی را چنانکه بارها عرض نموده ایم ازمدنظر دورنکذارند که درهمهٔ ممالك روی زمین وجه روزنامه پیشکی است وهرکس که میل

دربارەی مصحح

م. رضایی تازیک متولد تیرماه ۱۳۶۲ (جولای ۱۹۸۳) در مشهد است. او دانش‌آموخته علوم سیاسی و مطالعات خاورمیانه در دانشگاه های لوتسرن و برن در سوئیس می‌باشد و تمرکزش در مقاطع فوق لیسانس و دکترا به روی تاریخ اندیشه در ایران و به‌ویژه نقد دین از سوی ایرانیان بوده است. پایان‌نامه دکترای او درباره دین و نقد دین در اندیشه‌ی احمد کسروی نوشته و منتشر شده و از سوی او و همکارش بخشی از آثار فتحعلی آخوندزاده و میرزا آقاخان کرمانی نیز به آلمانی ترجمه شده‌اند.

انتشارات آسمانا (تورنتو) منتشر کرده است:

پژوهش‌های علمی و دانشگاهی

- *Shape of Extinction,* by Bijan Jalali, Translated by Adeeba Shahid Talukder and Arai Fani, 2025.
- *Music on the Borderland: Remembering and Chronicling the 1979 Revolution's Shadow on Iranian Music*, by K. Emami, 2024.
- *Whispers of Oasis: Likoo's Poetic Mirage*, by M. Ganjavi, A. Fatemi and M. Alimouradi, 2024

- *زبان، انسان و جامعه: ادبیات و زبان‌های اقلیت در ایران.* ویرایش امیر کلان، مهدی گنجوی، آنیسا جعفری، و لاله جوانشیر، ۲۰۲۴
- *تنگلوشای هزار خیال: جستارهایی در ادب و فرهنگ*، رضا فرخفال، ۲۰۲۴
- *دلالت‌های تحلیل طبقاتی در سرمایه‌داری امپریالیستی*، محمد حاجی‌نیا و شهرزاد مجاب، ۲۰۲۴
- *شبِ سیاه و مرغان خاکسترنشین؛ شعر نیما در دهه‌ی دوم: ۱۳۲۱ ـ ۱۳۱۱*، ۲۰۲۴
- *حافظ و بازگویی*، تالیف رضا فرخفال، ۲۰۲۴
- *زنان کُرد در بطن تضاد تاریخی فمینیسم و ناسیونالیسم*، تالیف شهرزاد مجاب، ۲۰۲۳
- *شورش دهقانان مکریان ۱۳۳۲ ـ ۱۳۳۱ : اسناد کنسولگری، مکاتبات دیپلماتیک و گزارش روزنامه‌ها*، پژوهش امیر حسن‌پور، ۲۰۲۲

تصحیح انتقادی

- *تاریخ شانژمان‌های ایران*، تالیف میرزا آقاخان کرمانی (به کوشش م. رضایی تازیک)، ۲۰۲۴
- *رستم در قرن بیست‌ودوم* (تصحیح انتقادی و مصور)، تالیف عبدالحسین صنعتی‌زاده (ویرایش م. گنجوی و م. منصوری)، ۲۰۱۷

شعر

- *خمار صدشبه*، شعر از منصور نوربخش، ۲۰۲۵.
- دفتر *الحان*، شعر از امیر حکیمی، ۲۰۲۴.
- *با سایه‌هایم مرا آفریده‌ام*، شعر ازهادی ابراهیمی رودبارکی، ۲۰۲۴
- *شهروندان شهریور*، غزل از سعید رضادوست، ۲۰۲۴
- *آینه را بشکن*، شعر از نانائو ساکاکی، ترجمه مهدی گنجوی، ۲۰۲۴
- عجایب *یاد*، شعر از امیر حکیمی، ۲۰۲۳
- *کهکشان خاطره‌ای از غروب خورشید ندارد*، شعر از مهدی گنجوی، ۲۰۲۳
- *غریبه‌هایی که در من زندگی می‌کنند*، شعر از مهدی گنجوی، ۲۰۲۱
- *تبعیدی راکی*، شعر از علی فتح‌اللهی، ۲۰۱۸

داستان

- *An Iranian Odyssey,* a novel by Rana Soleimani, 2025.
- *مستیم و خرابیم و کسی شاهد ما نیست*، رمان از مهدی گنجوی، ۲۰۲۵.

- *اسباب شر*، رمان از جواد علوی، ۲۰۲۵.
- جلوی *خانه ما یکی مرده بود*، مجموعه داستان از اکبر فلاح‌زاده، ۲۰۲۴
- زینت، رمان از وحید ضرابی‌نسب، ۲۰۲۴
- *فیل‌ها به جلگه رسیدند*، رمان از کاوه اویسی، ۲۰۲۴
- *مقامات متن*، رمان از مرضیه ستوده، ۲۰۲۴
- *انتظار خواب از یک آدم نامعقول*، مجموعه داستان از مهدی گنجوی، ۲۰۲۰

نمایش‌نامه

- یوسف، یوزف، جوزپه، نمایش‌نامه از علی فومنی، ۲۰۲۵.
- *درنای سیبری*، نمایش‌نامه از علی فومنی، ۲۰۲۴

برای ارتباط با نشر آسمانا:

asemanabooks.ca

Fann-e Goftan wa Neweshtan

(The Art of Speaking and Writing)

A series of articles published in the newspaper
Akhtar of Istanbul

Mirza Agha Khan-e Kermani

Edited by: M. Rezaei Tazik

Asemana Books

2025